职场交往与收入分配公平感研究：

基于社会网络的视角

许珂 著

中国财经出版传媒集团

经济科学出版社
Economic Science Press

图书在版编目（CIP）数据

职场交往与收入分配公平感研究：基于社会网络的
视角/许珂著. —北京：经济科学出版社，2022.4
ISBN 978 - 7 - 5218 - 3573 - 1

Ⅰ.①职…　Ⅱ.①许…　Ⅲ.①收入分配 - 公平分配 -
研究 - 中国　Ⅳ.①F124.7

中国版本图书馆 CIP 数据核字（2022）第 055402 号

责任编辑：杨　洋　赵　岩
责任校对：靳玉环
责任印制：王世伟

职场交往与收入分配公平感研究：基于社会网络的视角
许　珂　著
经济科学出版社出版、发行　新华书店经销
社址：北京市海淀区阜成路甲 28 号　邮编：100142
总编部电话：010 - 88191217　发行部电话：010 - 88191522
网址：www. esp. com. cn
电子邮箱：esp@ esp. com. cn
天猫网店：经济科学出版社旗舰店
网址：http：// jjkxcbs. tmall. com
北京季蜂印刷有限公司印装
710 × 1000　16 开　13 印张　200000 字
2022 年 4 月第 1 版　2022 年 4 月第 1 次印刷
ISBN 978 - 7 - 5218 - 3573 - 1　定价：52. 00 元
（图书出现印装问题，本社负责调换。电话：010 - 88191510）
（版权所有　侵权必究　打击盗版　举报热线：010 - 88191661
QQ：2242791300　营销中心电话：010 - 88191537
电子邮箱：dbts@ esp. com. cn）

序 一

正义是社会制度的首要美德，实现社会公平正义是人类社会文明进步的重要标志，是社会和谐发展的基本目标，更是社会主义的本质要求。社会不平等往往表现为"谁得到了什么？以及如何得到的？"。前者指分配结果，后者指分配过程，二者均影响人们的公平认知。现阶段中国面临着社会和经济转型，传统的均贫富思想与收入差距扩大的现实仍是社会矛盾的主要来源，二者的对立和冲击使得我们了解民众公平感的现状和发生机制显得十分必要。因此，公众对收入公平的主观感知成为社会的晴雨表，对此的理解和解释对于促进社会公平正义、实现社会共同富裕目标具有重要的意义。

尽管学术界对收入分配公平感的研究积累了大量的成果，但仍存在薄弱环节，如：公平比较参照的具体对象如何确定？为什么底层人民的公平感反而比较高？既有的理论成果对这些问题还缺乏足够的解释力。本书以职业场域为观察对象，从社会网络角度探讨职场情境中的交往互动如何形塑个体主观公平感受和社会态度，重点关注职场交往频率与分配公平感知之间的关系；同时，从职场网络效应角度提出职场交往过程对分配公平感的作用机制和路径，进而考察不同制度约束条件对分配公平感的影响。通过以上研究为企业管理提供政策借鉴，减少因员工公平感的下降而导致的绩效下滑、劳资关系紧张等问题，为实现企业和部门的良性运作提供理论思考。

研究发现：第一，职业场域中，同事间的互动交往有助于个体收入分配公平感的提升。尤其是与上级交往频度越高，获得网络资源越丰富，对企业分配制度信息的了解越深，避免因信息不畅造成的误判，增加对自身收入的满意程度，因而越容易产生对自身收入分配的积极认知；第二，社会网络效应是职场交往形塑收入分配公平感的主要途径。与上级交往对行动者分配公平认知带来的正向作用是通过职场网络的支持效应、表达效应和比较效应来实现的。这种交往过程不仅提高了个人职业收入，而且增强了对未来的地位预期以及在职场晋升中占据优势地位，提升了个体的收入分配公平感；第三，与上级交往对于分配公平感的形塑作用受制度环境的制约。社会网络的运作逻辑在不同体制中存在差异，与体制外人员相比，体制内的交往更容易获得分配公平感的提升。

就社会公平感研究而言，本研究从职场公平切入无疑是选取了一个微缩场景。但是研究能够结合国内外收入分配公平感和社会网络的前沿理论，建立起宏观、中观和微观相结合的研究框架，提出了分配公平感知的多层次理论维度，避免了单一层次研究的不足，通过见微知著实现了分配公平感知机制研究的重要跨越，具有重要的理论意义和现实意义。在考虑职场互动对个体公平认知的影响时，也没有忽略宏观社会制度环境的约束作用，在理论建构、研究方法和分析模型上均有较强的创新性。

在此，祝贺许珂博士第一本专著的出版，这源于她在博士研究期间对社会公众公平感知问题的不断积累和深入思考。也期望许珂博士能够在收入分配公平感领域继续拓展，产出系列科研成果，为提升公众的分配公平感、实现社会的和谐稳定建言献策。

李黎明

西安交通大学人文社会科学学院社会学系

2022 年 2 月

序二

逐渐升高的收入不平等是目前全世界的重大挑战，中国也不例外。基于此，收入分配公平问题也是整个社会科学界的重大研究课题之一。书中探讨了公众收入公平感知的来源，创新性地将公平感知和社会网络相联系，提出情境化、动态化和社会互动在研究中的重要性。许珂博士的新著代表着学术界新一代学者对这一问题的最新探讨，值得学术界关注。

我于2015年参加西安交通大学社会学学术团队，有机会认识许博士。同年，邀请她参加了我的国家社科重点课题研究，在田野调查等方面作出重要贡献。2018年后，许博士也参与了我的国家社科重大项目。后来，通过国家留学基金委的支持，我有幸邀请许博士到美国纽约州立大学社会学系共同研究了一年。在此期间，她系统学习了统计方法课程、参与课题组学术活动、协助我编写书籍、参加美国东部社会学年会并分享研究，我们愉快地合作了一篇关于中国户籍制度的英文论文。通过这些年的接触，我感受到了许博士对学术研究的热情、不懈的努力和刻苦钻研的精神。非常高兴看到许博士的第一本专著问世，在此表示祝贺！并希望未来不断看到许博士的新成果。

梁 在
纽约州立大学奥尔巴尼分校社会学系
2022年3月

目录

职场交往与收入分配公平感研究：基于社会网络的视角

第 1 章

绪　论

1.1　研究背景

1.1.1　历史背景

自古以来，中国素有平均主义的财富分配观念。从精英阶层到普罗大众，人们追求的理想社会是物质财富在社会成员间平均分配，建立一种无差别、公平和平等的和谐社会。这种分配公平观最早可以追溯到古代思想家、政治家关于平均和公平的诠释。儒家学派创始人孔子有言"闻有国有家者，不患寡而患不均，不患贫而患不安，盖均无贫，和无寡，安无倾"①。目标是消除贫困，实现"天下为公"的"大同"社会。墨子认为"饥者不得食，寒者不得衣，劳者不得息"为"民之三患也"②。齐国宰相晏婴提出"权有无，均贫富，不以养嗜欲"③的分配原则。但是，封建统治阶级和农民阶级所说的均贫富在内涵上有着本质差别。从封建统治者角度来说，均贫富指的是在保障政权赖以维系的物质基础下，实现"贫富有度"从而不至于激发社会矛盾。从此意义上来说，这一政策成为维护封建统治的工具，确实在一定程度上缓解了"朱门酒肉

---

① 张圣洁.《论语》（季民第十六）[M]. 浙江教育出版社，2019（1）.
② 方勇.《墨子》（卷八·非乐上第三十二）[M]. 中华书局，2015（3）.
③ 汤化.《晏子春秋》（问上）[M]. 中华书局，2015（5）.

臭，路有冻死骨"贫富两极分化可能造成的社会矛盾。从农民阶级角度来说，均贫富主要指的是绝对的平均主义，劫富济贫。这种思想激发了农民斗争的积极性，中国两千多年的封建统治下，数次农民起义和王朝更迭正是由于底层民众对理想社会的美好向往。但是由于农民阶级自身的局限性，天下大同的社会也只能是空想的乌托邦。新中国成立初期提倡"大锅饭"和"同工同酬"，采取平均主义的分配制度。这种"干与不干一个样，多干少干一个样"片面追求收入平均分配的理念降低了生产积极性，阻碍了经济的快速发展。

分配公平观一经形成便具有稳定性，它滞后于经济体制改革的步伐。随着市场经济体制的建立，我国实行了按劳分配为主体多种分配方式并存的分配制度。改革开放政策的实施使得一部分人先富起来，先富带动后富，打破了以往平均分配的格局。但是，平均主义思想并没有随着市场经济的建立、改革开放而消失殆尽。它已经成为中国传统文化观念之一，根植于社会大众的意识形态里，影响人们生活的方方面面，尤其是对当前中国分配体制的评价和看法。

1.1.2　现实背景

中国特色社会主义的内在要求便是公平与正义，促进社会的公平正义是社会改革和发展的落脚点，这也是马克思主义理论的目标所在。新时期，在中国共产党的带领下人们展开了对公平正义的追求，它符合中国现阶段的国情也体现了党的价值和理想。《中共中央关于制定国民经济和社会发展第十一个五年规划的建议》中明确了构建和谐社会就是要注重社会公平，使得人们能够共享改革发展的成果。党的十八届三中全会指出，全面深化改革就是要促进社会公平正义、以增进人民福祉为出发点和落脚点。这里说的公平正义包括保证社会成员享有同等的教育、就业、医疗等权利，尤其是缩小收入差距，维护经济公平。党的十九大报告指出"中国特色社会主义新时期，我国的主要矛盾已经转化为人民日益增长的美好生活需要和不平衡不充分的发展之间的矛盾"，有效消除城乡和区域发展和收入分配的差距，成为解决"不平衡和不充分"问题的主要路径。这说明在蛋糕做大的同时也应注意蛋糕如何分配的问题，在保障生产的基础性地位的同时还要进行制度约束和政策支持，因为收入的公平性关系到每个社会成员的切身利益，直接影响到人心向背与和谐社会的建构。那么，实施这一政策的首要任务就是充分了解改革开放以来收入差距的现状及人们对于收入分配公平程度的评价。

改革开放以来，收入持续增长的同时收入差距日益扩大。随着中国经济的快速发展和收入分配制度改革的不断深化，居民的收入持续增长。据国家统计局数据显示，1997～2017年的20年间城镇居民的人均可支配收入不断攀升。1997年城镇居民人均可支配收入为5160.3元。2007年时，城镇居民人均收入增加至13785.8元，是1997年的2.67倍。2017年这一指标上升至36396.2元，是2007年的2.64倍[①]。然而，在经济飞速发展的同时，由经济体制改革带来的是分配机制的变化。随之伴生的是收入分配的不均衡，中国居民的收入差距日益扩大，主要表现在三个方面：首先，从整体上看，中国居民收入的基尼系数持上升趋势。基尼系数被普遍用来衡量收入的不平等程度，改革初期全国居民人均可支配收入的基尼系数在0.2以下，2003年上升至0.479，在2008年进一步上升为0.491[②]。其次，从局部来看，收入的城乡差距、行业差距、区域差距都呈现出不同程度的扩大趋势（李实，2013）。制度性分割、产业结构的变化以及政府政策的偏向都是成为上述收入差距产生的原因（薛进军，2008）。最后，中国收入不平等程度已经得到国际社会的关注。据西南财经大学家庭金融调查对全国25个省份的家庭数据统计显示，中国家庭收入的基尼系数在2010年已达到0.61，其中城镇家庭为0.56，农村家庭为0.60，都已经远远超出全球平均水平0.44。通过与亚洲其他国家比较发现，中国的收入不平等已经超过亚洲其他低收入国家，如泰国、越南、孟加拉国等（薛进军，2008）。虽然由不同部门机构（世界银行、中国国

第**①**章 绪论

家统计局、中国社会科学院经济研究所 CHIP 调查）推算出的中国整体的基尼系数存在差异，但就任意一个部门发布的数据来看，中国收入分配差距在不断扩大已成为共识。

收入分配差距的问题不仅是经济问题，更容易引发一系列社会问题。这取决于人们怎么看待收入差距问题，以及对这一现象所持有的社会态度。以上追求平均主义的思想传统和收入差距扩大的现实状况形成了鲜明对比，正是由于这种思想和现实的反差，使得收入分配问题成为社会大众关注的焦点。收入分配差距导致民众对现有的分配体系产生不满，不公平的呼声越来越高。2017 年网络上晒出了中国一线明星与科学家的收入对比，发现科学家的收入远远不及明星。这一事实引发了网友的激烈讨论，除了惊叹明星的天价出场费外，更多的是在争论现有的社会分配机制是不是出了问题，国家应不应该调整明星的过高收入。明星对社会的贡献真的比科学家还大？难道真的如大众调侃"造导弹的不如卖茶叶蛋的"[①]。这些社会现实反映出现阶段我们研究公众分配公平感知问题的迫切性和必要性。基于此，近年来为了解社会大众对分配制度、贫富差距、收入合理性的感知程度，中国各项大型社会调查将此列入问卷中。中国人民大学主持的 2006 年"中国综合社会调查"的全国数据中，认为目前自身收入不合理的被访者占了 49.36%，认为低收入人群和高收入人群之间冲突严重的占 56.28%。同一调查的 2013 年数据显示，目前我国社会成员之间收入差距不合理的高达 74.4%，认为低收入人群和高收入人群之间容易产生冲突和矛盾的被访者占 29.77%，高居第二位，仅次于官员和百姓之间的矛盾。从调查结果可以发现，民众对收入分配结果确实有不满情绪，已经意识到了收入差距的不合理性，贫富差距产生的矛盾是当今社会的安全隐患。

基于中国现阶段对于公平和正义的现实诉求，民众收入差距的现实状况以及崇尚平均主义的传统思想，我们亟待了解民众对于分配公平程度的认知，尤其是个体对于自身收入是否公平的微观感知。因为，微观

层面的分配公平感知与自身利益密切相关，是社会宏观公平的缩影，直接影响到个体对于国家和单位的分配体系和政策支持与否。在这一基础上，研究民众如何判断收入分配公平，有助于消除民众不合理的公平归因，为公平理念的培育提供政策建议，对于维护社会公平秩序以及构建和谐社会具有重要意义。

1.2 研究问题

由于上述历史背景和现实背景的反差，人们对于收入公平主观认知的话题受到社会各界越来越多的关注。收入差距扩大的现实状况究竟能否引起收入分配不公的主观感知，在一定程度上取决于公众的价值判断。我们亟待了解社会大众对于自身收入分配公平的感知状况及其形成机制，以期对和谐社会建构提供参考价值。

收入分配公平感是社会成员对客观收入分配公平程度做出的主观判断。学者利用西方公平理论试图解释中国民众分配公平感的形成，尤其对公平感产生的机制问题进行了大量讨论。其中，以自利主义为导向的"结构决定论"和与参照群体相比的"局部比较论"为两大主流理论视角。另外，归因偏好论、市场转型论、社会流动论等也在一定程度上丰富了分配公平感的解释机制研究。纵观分配公平感解释视角的研究脉络，我们可以发现用宏观的社会结构或微观的个体认知来研究归纳分配公平感的形成原因，但是缺少一种中观的视角将宏观和微观连接起来。那么，能不能同时兼顾这两种维度？基于以上对理论问题的考量，本研究试图用中观的社会网络视角来解决这一困境。这一视角能够从个体分配公平感产生的联系性、互动性和情境建构层面为宏观与微观因素之间架起一道"桥梁"，让我们在个体的日常社会网络中寻求微观分配公平感产生的动态机制，使得研究更加贴近真实社会情境。

本研究选取的关注点是职场社会网络。由于职场是收入及其公平感来源的直接场域，职场社会网络对于个体分配公平感的形塑作用尤其值得我们探究。职场个体对收入的公平感知直接影响收入的满意度、工作的积极性、劳资关系、企业管理甚至领导权威等方面。因此，了解职业场域中劳动者的分配公平感如何建构，可以有效避免由分配不公意识导致的企业绩效下降、管理混乱等问题，为企业良性运行提供依据。据此，本研究的目的在于探索职业场域中个体的分配公平感如何产生，职场社会网络在这一过程起到了怎样的作用。

另外，本研究重点聚焦于"职场交往"与"分配公平感"两个方面。由于职场交往带来的职场社会网络建立在岗位和职业的需求之上，为个体带来职业资源获取、职业关系建立的机会，影响个体职业生涯发展。因此，我们试图通过职场交往的社会网络进一步探究其对自身主观收入分配公平感知的影响程度，以期挖掘职业场域中劳动者分配公平感建构的独特路径。本研究既关注二者之间的影响关系，也考察与不同交往类型对分配公平感的影响差异。同时，探寻二者的中间机制以及宏观经济背景下的影响效应。因此，本书的核心研究问题包括：（1）个体在职场中与同事间的交往互动对于自身分配公平感知有怎样的形塑作用？（2）个体与职场中不同对象的交往对于分配公平感的影响是否具有差异？（3）职场交往影响职场个体分配公平感的中间机制有哪些？（4）在中国特殊的体制分割背景下，这一影响效应是否有差异？本研究试图在对社会网络、职场交往及分配公平感理论分析的基础上提出相应研究假设，运用高级统计模型对于调查数据进行定量分析，对上述问题进行检验和回答。

1.3　研究意义

本研究的核心目标在于探讨职场交往如何影响人们的分配公平感，即通过考察嵌入在职场交往中的社会网络资源对于微观收入分配感知的影响，影响的中间机制以及这一影响的体制差异。本研究强调了当前中国劳动力市场中的社会网络对社会成员的现实作用，为提升职场个体收入分配公平感提供参考。同时，在理论层面上推进了关于分配公平感机制的探讨，使分配公平感的机制研究更加深入和多维。具体来说，本研究具有以下现实意义和学术价值。

1.3.1 现实意义

第一，了解公众的收入分配公平认知是维护社会稳定与和谐的基础。诚然，收入作为民众切身利益的体现，其多少是社会及其个人的重要关注点之一。经济学中多以收入作为研究对象，社会学研究中更注重的是这种社会现象的影响因素，以及可能产生的社会后果。事实上，收入差距过大并不一定会导致社会冲突，我们还要看公众对收入差距的接受程度，如果公众认为这种差距是正常的或是可接受范围之内，那么便不会引起不满。收入作为一种客观分配结果，并不是直接影响社会稳定团结的因素。因为民众往往会将这种客观分配结果做主观加工，产生对收入分配的主观感知。首先，他们不仅关注分配结果，同时也关注分配过程，他们不满足于谁得到了多少，而是思考谁为什么得到。其次，个体对收入公平与否的归因不同。如果归因于运气、关系、体制等外部因素时往往产生不公平的判断，反之，当人们归因于教育程度、工作经验、个人能力等内部因素时往往认为现有分配体系是公平的。最后，收入公平与否也来自与他人和自己过去状况的心理对比，如果与自己的过去或他人的状况相比位于优势地位则产生收入公平的评判。通过以上心理过程，产生了个体对收入分配公平的感知，这种感知最终影响公众对现有分配体系公正与否的评判，以及社会秩序的稳定。

第二，有利于职业场域中个体对管理有效性的认同以及企业的良性运行。布迪厄认为场域是社会成员按照特定逻辑要求共同建立的社会活动的主要场所，人的行为及互动等诸多要素均被所发生的场域所影响（侯均生，2001）。分配公平感的形成也嵌入在众多场域之中，如家庭场域、职业场域等。个体通过与场域中的社会成员（如亲戚、朋友和同事等）交往、互动以及比较来产生对自身收入分配公平与否的认知。其中，职业场域是个体收入来源的直接场域，因而它成为研究分配公平感不容忽视的主要阵地。职业场域中同事间的交往互动给个体带来了资源交换、情感维系、关系维护等机会，这成为职场中分配公平感产生的重要情境。因此，从职业场域中的互动过程探究职场中个体的分配公平感知是一个很好的切入点，也是中国劳动力市场亟待解决的重要问题之一。一方面，可以帮助增强员工的分配公平感。探究职场交往过程中分配公平感的发生机制，了解个体对职场资源分配的合法性和有效性的认可程度，可以帮助员工更好地解决分配公平感低下的问题。从而提升员工对企业的认同感和归属感，提高员工的工作热情和绩效。另一方面，对企业管理者来说，充分了解员工分配公平感的程度和影响因素，可以为管理政策的制定提供依据。在一定程度上避免由公平感丧失引起的管理秩序混乱、劳资关系紧张、员工绩效下降等问题。保障领导权力的合法性和权威性，有助于企业和部门的良性运作。

1.3.2　学术价值

第一，拓展了社会网络的应用范围。中国是典型的熟人社会，人们的日常生活都嵌入在社会关系网络中（Lin & Bian，1991）。对社会网络的研究由来已久，学界已经普遍认识到日常社会网络资源对地位获得的作用，尤其对教育、收入、职位获得的作用做了大量验证。虽然此方面的研究比较丰富，但主要关注点还大多局限于客观层次。同时，社会网络对于主观层次的研究主要集中在信任、生活满意度等方面，对主观收入感知方面的探讨鲜有涉及。

如何产生社会网络从客观到主观层次研究的跨越？以往研究证实了社会网络对收入获得的正向效应。那么，我们据此大胆猜想，社会网络对于收入的正向效应是否能够进一步拓展到对收入的主观感受层次？即社会网络对微观收入分配公平感的正向作用是否也存在？

事实上，一些文献已经对春节拜年网络、餐饮网络进行了初步分析，但是对于社会网络视角的考察仅仅处于初始阶段，仍然有很多值得探讨的空间，分配公平感仍然存在解释机制的"黑箱"。职场社会网络作为不同于春节拜年网络和餐饮网络等，是因为它具有交往的特定性，互动的对象仅为同事。职场作为收入来源的主要场域蕴含丰富的社会网络资源，通过职场个体的互动带来资源的交换，这一过程形塑个体的职场机遇和地位获得，尤其对于提高城市居民个人收入具有积极意义。通过对嵌入在职场互动中的社会网络资源对收入公平感知的影响进行研究，可以进一步挖掘社会网络对主观分配公平感的影响机制，同时让我们对社会网络作用的理解更加系统和深入，从客观收入到主观收入感知的研究更具连贯性和统一性。

第二，为分配公平感的研究提供了一个崭新的视角。当探讨收入分配公平感的问题时，一个主要的目标便是挖掘其形成机制。目前学术界大体形成两种归因的视角。第一种将分配公平感知归因为个体社会经济地位的高低，认为收入、教育程度、职业声望是决定性要素，社会经济地位越高则个体越容易认为当前收入分配是公平的。这种归因模式又被称为"结构决定论"，它倾向于将个体看作理性的自利主义者，评价公平的依据是自身利益获得的多寡。第二种倾向于将个体对公平的感知归因于与他人或是过去状况的比较，如果比较的结果处于优势地位则会产生分配公平的认知。两种传统视角虽然已在统计数据上得到了验证，但仍然存在以下问题。比如，前者无法解释为什么在现实社会调查中处于下层的农民阶层更认为分配是公平的。另外，结构主义将个体置于宏观的背景中，忽视了个体作为"社会人"的联系性和主观能动性，将分配公平感知看作一个静止的过程。同时，它只将分配公平感归结于客观社会结构，并没有考虑到分配公平感产生的心理过程。后者虽然开始注意到个体的微观互动，但这种泛泛的比较却没有将参照群体聚焦。将个体与广义的他人相比并不符合个体交往的现实状况，因为个体只会与周遭认识的亲朋好友而不是与陌生人进行比较。以往视角存在的种种问题促使本研究从另外一个路径思考，有没有一种视角既可以连接宏观和微观领域，同时还原个体在生活情境中的真实互动过程。基于上述思考，研究引入社会网络理论，将分配公平感纳入中观层面的视角进行研究。这一视角可以弥补以往研究中存在的问题，建立起跨越宏观社会结构到微观个体心理的一道桥梁，改变以往割裂的、孤立的、静止的研究状况。同时，丰富了分配公平感的解释机制，脱离以往研究非此即彼的固有框架和惯性思维，为分配公平感的研究开拓出一条独特的道路，这不失为一种有益的尝试。

1.4　研究内容与框架

民众对于收入分配公平的感知是学界研究的热点问题，因为它对于社会稳定和谐具有重要影响。中国传统的平均主义思想仍然延续至今，它与收入差距不断扩大的现实状况形成了鲜明的对比，在这种冲突下人们对于收入分配的合理性认知显得尤为重要。在对于分配公平感影响机制研究的文献进行回顾后，我们发现既有研究中存在以下亟待注意和解决的问题。首先，对于分配公平感的研究忽略了作为社会人的个体的联系和互动的属性，动态的互动过程是分配公平感知产生的直接来源。其次，以往研究要么从宏观的社会背景要么从微观的个体特征出发研究公平感的形成机制，缺少一种中观的视角将以上二者联系起来。最后，不同场域和日常情境对于个体分配公平感建构的差异性需要得到重视。鉴于以上问题，我们试图脱离以往的惯性思维，从另一个新的视角来挖掘分配公平感的形成过程。也就是说，本研究从中观的社会网络视角出发，寻求分配公平感的产生过程、机制和差异。

概括而言，职业场域中同事间的交往互动对于个体分配公平感知的形塑作用。不同于分配公平感的传统机制研究，本研究主要从社会互动建构的社会网络角度来还原职场中个体分配公平感的形成过程以及探索其公平感知的形成机制。职场个体的收入分配公平感是一种主观的感知过程，这种心理过程并不是凭空产生的，而是被人们所在的职业场域所影响，尤其是同事间的互动为分配公平感知的建构提供了客观的来源和基础。职场中的互动行为给个体带来了关系建立和维护的机会、资源交换以及与他人对比参照的可能。这种互动行为不仅给个体的收入、晋升等劳动力市场结果带来影响，还会进一步影响个体对于自身收入公平与否的判断。职场交往如何影响个体对分配公平的感知？本研究认为，职场交往所建构的职场网络能够为个体带来支持效应、表达效应和比较效应三种不同的理论思路。个体通过在职场网络中与同事的交往来实现对个体的实际支持、加深个体的情感表达以及强化与他人的比较，从而影响个体主观公平的认知过程。另外，由于所有的职业活动都嵌入在一定的客观经济结构中，这一过程还受到体制的约束，从而表现出不同程度的作用差异。

鉴于此，本研究提出职场互动是分配公平感建构的微观因素，互动过程中产生的职场网络效应是形成公平感的主要中间机制，这一影响受到社会宏观制度的约束，从而形成了不同体制背景下分配公平感建构的特殊结构。我们根据以上微观、中观和宏观的连接过程，通过图1-1来展示本书的理论框架。

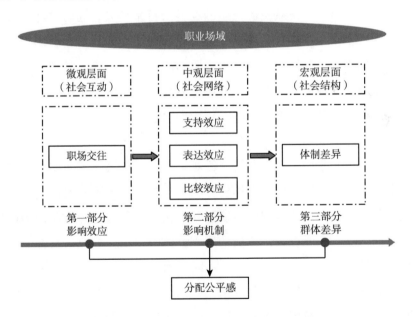

图 1-1　职场交往影响分配公平感的理论框架

为实现以上研究目标，我们从以下三个方面来展开分析过程。

第一，考察职场交往对于个体分配公平感的影响效应。这一部分将从两个方面来分析，通过对职场交往的不同划分来考察其对分配公平感的作用差异。其一，将职场交往视为一个整体，初步探索职场交往对于个体的分配公平感知的整体作用。其二，研究提出影响个体分配公平感的一个重要因素为职场交往的对象。将交往对象与个体职位高低关系作为划分维度，可以将职场交往分为职场上级交往、平级交往和下级交往。将三种不同交往类型置于职场网络中来分析个体与不同类型对象交往时的资源差异，从而回答交往对象不同对于分配公平认知的影响差异。由职位高低蕴含的网络结构差异能够更深层次地反映职场交往带来的影响。

第二，研究职场交往对于个体分配公平感的影响机制。在了解了职场交往与分配公平感的关系之后，我们想更进一步探寻其中的中间机制是什么。也就是说，第一部分解决的问题是二者的关系是什么，第二部分进一步明确如何影响。要回答这个问题，我们从理论上提出了通过社会网络效应来解释职场交往过程对于个体对公平判断的心理依据。其中，人们根据与上级交往所获资源产生的利益所得来评判，同时在与上级交往过程中产生对未来地位的预期，另外职场中的交往过程还会影响与同事比较时的判断。我们利用因果逐步回归的方法对于这三种理论路径进行了分别验证，最后采用 Bootstrap 中介效应分析方法对于结果进行稳健性检验，确定三种中介效应在总效应中所占的比例。

第三，厘清职场交往对于分配公平感影响的体制差异。在第一部分和第二部分后，我们来探讨职场交往对于个体分配公平感作用的群体差异。研究选择体制环境作为群体划分的依据，即研究不同的制度环境在职场交往影响公平感的过程中扮演怎样的角色？研究选择体制作为群体差异的切入点，主要有两个方面的原因。其一，任何职业活动都嵌入在宏观经济结构之中，对于职业场域中同事间互动和职员公平感的研究必然无法忽视外部环境的制度性约束。其二，社会网络对于正式制度的补充作用在不同的制度环境下有差别，因而职场交往的效力也会被约束或放大。研究从再分配经济占主导的体制内单位和市场经济占主导的体制外单位出发，探究两种体制类型的社会网络运作逻辑差异，区分职场交往对于分配公平感知建构的不同作用。

1.5　章节安排

本研究共分 8 章，主要的章节安排和研究目标如图 1 - 2 所示。

章节安排	主要研究目标
1.绪论	介绍研究背景、研究问题、研究现实意义和理论意义、研究内容以及章节安排
2.分配公平感及其解释机制	（1）界定分配公平的相关概念。 （2）梳理分配公平感的解释机制研究并评述。 （3）指出既有机制研究尚未关注之处
3.社会网络与分配公平感：新的解释视角	（1）社会网络的理论及类型。 （2）职场交往与社会功能。 （3）职场交往对于分配公平感的影响路径
4.研究设计	介绍数据来源，分配公平感等变量的测量和运用的统计模型
5.职场交往对分配公平感的影响效应	（1）检验职场交往对于分配公平感的整体作用。 （2）不同职场交往类型对于分配公平感的作用差异比较
6.职场上级交往对分配公平感的影响机制	从职场网络的支持效应、表达效应和比较效应出发，分别考察职场上级交往影响分配公平感的机制，并进行稳健性检验
7.职场上级交往影响分配公平感的制度差异	（1）体制内外特征分析。 （2）体制内外影响差异。 （3）差异的稳健性检验
8.研究结论与展望	概括主要研究结论，提出针对性的政策建议，提炼创新点，总结研究不足和未来研究方向

图 1 - 2　本书的章节安排

第 1 章为绪论。主要介绍了研究的历史背景和现实背景，阐述了主要研究问题，揭示了研究的学术价值和现实意义，同时展示了研究的主要内容和框架，最后说明了各章节的结构安排。

第 2 章为分配公平感及其解释机制研究回顾。首先，对几组有关概念进行了界定和区分，厘清相关概念的内涵和外延。例如，公平与平等，收入差距与公平分配等。研究认为在当今中国社会按劳分配制度下，平等并非公平，社会存在收入差距也不代表收入分配不公平。其次，回顾了分配公平感的相关文献，梳理了微观分配公平感的解释机制研究，包括结构决定论、局部比较论、归因偏好论、市场转型轮和社会流动论等。最后，概括了既有解释机制的尚未关注之处，研究认为以往研究缺少中观的视角，忽略了场域和情境要素，缺乏个体互动层次的研究。对于相关概念、分配公平感及其机制的梳理，使得研究的目标和脉络更加清晰，为引出下一章的研究视角做铺垫。

第 3 章为社会网络与分配公平感：新的解释视角。根据以往公平感机制研究中的尚未关注之处，我们在本章中提出以社会网络视角作为一个新的切入点。3.1 节对社会网络理论及类型进行了回顾。尤其将个体核心网络的类型进行了详细介绍，引出本研究聚焦职场社会网络的原因。3.2 节梳理了职场交往及其社会功能。说明职场交往如何建构职场社会网络以及影响个体的地位获得。3.3 节探讨了职场交往如何影响个体的分配公平感，从社会网络的功能出发归纳出三种理论路径。

第 4 章为研究设计。本研究属于理论导向的实证研究，因此我们对于理论推理和假设进行实证数据的验证。首先，在本章中我们对使用数据的整体情况进行了详细介绍，另外对于使用本套数据的原因进行了说明。"社会网络与职业经历调查"数据中对于社会网络、职业交往和主观感受均有深入测量，与本研究职场交往和分配公平感的研究密切相关。其次，对因变量、自变量、中介变量和控制变量的操作化进行了说明，并利用统计描述表格展示数据特征。最后，我们对所用模型进行了概况，实证检验分别采用了定序逻辑回归模型、因果逐步回归模型、Bootstrap 中介效应检验以及似不相关回归模型等高级统计分析方法。

第 5 章探讨职场交往对收入分配公平感的影响效应。本章作为实证章节的第一章，我们利用数据验证职场交往与分配公平感的关系理论假设，初步探讨嵌入职场网络的社会行动者如何判断自身的收入分配是否公平。第一，考察了职场交往对于分配公平感的整体作用，形成职场交往过程对于个体主观公平构建作用总的认识。第二，依据交往对象的不同，将职场交往分为与职场上级、平级和下级交往三种类型。分别验证三者对于分配公平感的影响，以期了解不同职场交往类型在这一过程中的作用差异。

第 6 章寻找职场上级交往对分配公平感的影响机制。基于职场上级交往建构的社会网络带来的支持效应、表达效应和比较效应，我们提出了职场上级交往影响分配公平感的三种路径，据此提出相应的理论假设。通过因果逐步回归方法同时验证了三种理论的解释力。验证了职场上级交往对于分配公平感的正向效应是通过提升个体的收入、提升个体对于未来地位的期望以及与同事晋升的比较优势来实现。结论通过了 Bootstrap 中介效应检验，并且进一步分析了三种中介路径的作用大小。

第 7 章厘清了职场上级交往影响分配公平感的制度差异。对于职场个体公平感的研究无法忽视中国的宏观经济体制背景，研究从社会网络的运作逻辑差异出发，提出了制度约束条件下的影响效应差异。研究发现，与体制外相比，体制内的人员通过与职场上级交往更容易提升自身的分配公平感。

第 8 章是结论与展望。总结了本研究的主要结论，提出了具有针对性的政策建议，以期对企业管理中的现实问题提供参考。另外，指出了本研究的创新点，明确了本研究的不足之处和需要进一步探讨和研究的问题，指明未来研究的方向。

1.6　本章小结

本章是研究的第 1 章，在起始章节中我们主要对研究的背景、问题、意义、内容、安排等做了详细介绍，目的是展示研究的基本轮廓，对此研究有个整体性的认识。具体来说，在 1.1 节研究背景部分，分为历史背景和现实背景进行说明。历史背景中我们论述了中国传统的平均主义思想，以及它的产生和发展对中国民众分配公平观的影响。现实背景以中国改革开放以来收入差距日益扩大的现实情况为出发点，强调由此可能引发的一系列社会问题。值得注意的是，这种根植在中国民众心中的平均主义思想和收入差距拉大的现实情况形成了强烈的对比和矛盾，我们也因此萌生出研究民众分配公平感知的迫切想法。1.2 节明确提出了本书的主要研究问题。1.3 节探讨了研究的意义，包括现实意义和学术价值两个方面。第一，在现实意义方面，对于民众分配公平感知的研究可以使我们更加清楚地了解现阶段民众不公平感的程度和来源，为避免由不公平感造成的不满提供依据。另外，研究从职业场域的交往互动出发来审视由此引发的公平感差异，无论对于管理者和员工还是企业发展来说都有积极的意义。有利于避免劳资关系紧张、提升员工工作积极性以及保持企业良性运作。第二，在学术价值方面，拓展了社会网络的应用范围。另外，为分配公平感的研究提供了一个崭新视角。研究试图将社会网络对于客观收入的研究拓展到对于收入主观感知的层面，使我们对于社会网络的作用有更加系统和深入的认识。同时，弥补以往研究中孤立、静止地看待公平分配感知的缺憾，脱离以往固有的研究思维，用社会网络的视角来建立一个新的研究框架。1.4 节简要地概括了研究内容以及主要框架。1.5 节分章节叙述了主要研究结论，利用图表的形式清晰展示了文章的结构。

职场交往与收入分配公平感研究：基于社会网络的视角

分配公平感及其解释机制

2.1 概念界定

在进入核心部分之前，我们有必要对相关概念进行界定。一是从内涵和外延上的区分和把握有助于防止因界定不清而导致的概念混淆、层次谬误等错误。二是厘清相关概念的含义，可以从源头上明晰分配公平以及公平感知的内在诉求，使接下来的实证研究操作化更为准确。平等与公平、收入差距与公平分配、分配公平感以及职场交往等是本研究的几个核心概念，本研究对这几组概念进行如下界定。

2.1.1 平等与公平

从平等和公平的字面上看它们有着相似之处，一时难以区分。但是，二者在本质上有着很大差别。首先，我们从英文单词来看，平等与公平在英文单词拼写中截然不同。平等的英文为"equality"，而公平的英文为"justice"。其次，从定义来看，商务印书馆出版的《现代汉语词典》（2002 年增补本）中对平等和公平有着清楚的界定。平等指人们在社会、政治、经济、法律方面享有相等的待遇，主要指的是在数量、价值、程度、能力等方面与他人相同，它的近义词为相等、平均、无差别。比如，平等互利、男女平等。公平指处理事情合情合理，不偏袒哪一方面

（吕叔湘，2002）。公平是按照一定的社会标准、正当的秩序合理地待人处事（夏征农，1999）。公平一词兼顾"公"与"平"，其近义词为公正、公道，不偏私。比如，公平交易，公平合理。最后，从内涵来看，平等侧重平均、同等、相等的意思。公平侧重于公正、公道与合理。可以发现，公平更加倾向于一种价值取向和价值判断，而平等倾向于在数值上的一致性。在有的领域和语境中它们可以通用，但更多的情况下两者各有侧重。

除了概念上的差异，平等和公平还有其他外延和特征上的不同。第一，平等是固定不变的而公平会随着朝代更替或个人社会地位不同而有区别。因为公平观是不断变动的过程，它与当下社会对于某个事物合理与否的价值判断是有关联的。纵观历史，可以发现随着社会的发展由于政权模式和社会性质的不同，公平观的内容发生着巨大的变化。根据每个朝代的分配方式，公平的标准会有千差万别。公平不仅会因时不同也会因人相异，即使在某一个社会内部，公平观也会因为阶层和地位的不同而相异，因为他们代表着不同的利益群体。如底层阶级认为平均分配是公平的，这时候平等和公平是一致的。上层阶级会认为能力至上，不平均才是公平的，存在收入差距才是社会进步的表现，这里的平等和公平就无法画等号。第二，平等是绝对的，公平是相对的。平等讲究的是数值上或权利上的绝对相等状态，比如，法律面前人人平等、男女平等。但是，公平往往具有一定的参照尺度或是参照群体。用不同的尺度或群体来比较可能有着不同的判断，比如，一个人觉得自己遭遇不公平对待，但他在看到路上其他要饭的穷人时或许认为自己的境遇并不那么糟糕了，与他人相比并不能称得上不公。第三，平等是客观事实存在，公平则表示主观价值判断。平等倡导一种客观的不以人意志为转移的相等状态，它的评价标准是不变的。与平等相比，公平具有主观性，它是依照一定价值标准形成的价值取向。社会公平与否，收入公平与否，都是人们按照一定的价评价体系进行的主观判断。这种属性可能由于人们主观意志的不同而变化。

那么，具体到收入层面，收入平等就等于收入公平吗？也就是说平等的收入分配就一定是公平的吗？在研究收入分配公平感时区分二者显得尤为重要。事实上，收入平等和收入公平并不能完全画等号，它们只在某些固定条件下可以等同。收入平等仅仅代表一种客观的收入分配状况，但是收入公平还需用一定的价值标准进行判断。如果社会倡导平等分配理念，那么这时的收入平等就等于收入公平。例如，计划经济时期，若社会倡导效率优先，按劳分配，那么这时收入平等就并不一定被视作是公平的。随着人类社会不断进步，公平观也在逐渐发生变化，我们判断收入公平与否一定是与当时的分配制度和分配公平观分不开的。

2.1.2 收入差距与公平分配

收入差距属于制度经济学的范畴，一般用基尼系数、泰尔指数、变动系数等指标来衡量。它主要指由于国家收入分配政策差异以及个人所占有生产要素不同而形成的收入多与少的差别。在以往研究收入分配公平感时也被拿来作为一种研究向度。公平分配是个人对所获得报酬的公正性评价，公平分配的类型包括机会（起点）公平、制度（规则）公平和结果公平。

收入差距作为一种社会分配的结果，成为研究中用来评判分配是否公平的要素之一。但是在收入差距究竟是否会引发公平感丧失这一问题上，学界有着不同的看法。客观的收入差距扩大是否必然导致主观上分配公平的丧失？大多数研究对这一问题持消极态度，认为收入差距和公平感是前因后果的关系。收入分配差距扩大导致民众的不满心态，引发人们对收入分配不公平的判断（王甫勤，2010）。甚至有研究认为现在的城乡之间、区域之间和阶层之间的收入差距已经超出了警戒线，影响了社会的和谐（李路路等，2012）。但是，就社会事实来看，中国现阶段依然有序运行，并没有像学者预料中的那样由于收入差距导致社会的不稳定。因为，客观收入差距往往与主观上的认知不一致。收入差距大的社会可能被认为公平的，收入差距小的社会可能反而被认为是不公平的（刁鹏飞，2013）。怀默霆通过分析结果表明，以往关于收入差距导致的社会危害以及公平与否方面的论断是错误的，证实了作为社会底层的农民更加接收当前的不平等（怀默霆，2009）。中国不公平程度的危害被夸大，在政治、文化、舆论等社会因素的调节作用下，人们被动地接受了现有的不平等状况，近期内不会造成政治和社会不稳定（谢宇，2010）。

那么，究竟收入差距与分配公平之间存在着怎样的关系？第一，收入差距本身并不必然引起分配不公的判断，但收入差距在一定条件下可能转化为分配不公。分配公平作为主观指标，其衡量显得更为复杂。它不仅受到现实客观因素的制约，还受到公平归因、参照比较等主观因素影响。除此之外，人们的意愿、偏好、预期等社会心态也是影响分配公平感知的关键因素（李培林，2005）。因此，收入差距并不一定导致分配不公，但是分配不公的判断有可能是由于收入差距引起的。人们对分配公平的评价与收入差距有关，但是更多被人们的分配公平观所影响。在实际的收入决定机制与人们的公正观念之间发生背离时便会导致公平感降低（倪青山等，2015）。第二，要说明的是，并不是所有的收入差距都应受到负面看待，都认为它是不公平的，我们还应区分收入差距产生的来源。在当今社会，由于他人能力、绩效所获得的高收入符合市场经济按劳分配的原则，不应视为不公平。我们有必要在现实生活中纠正由于公平归因不当导致的公平感降低。

2.1.3 收入分配公平感

以上内容我们了解了公平与平等，收入差距与分配公平的区别与联系，意在更深入地理解本研究的核心词汇——收入分配公平感。我们将其定义如下，分配公平感（perception of distributive justice）是人们对社会资源分配状况的主观感知，即对社会或个人收入不平等的判断和评价（Jasso G. & Wegener B.，1997）。感知到的收入越公平，对社会的分配制度就越倾向于认可和支持。以往研究将分配公平感划分为不同层次，个体层面的微观公平感和社会层面的宏观公平感。宏观公平感指对整个社会的资源分配公平程度的感知，微观公平感指社会中的个人对自身收入所得公平与否的自评和判断。由于社会层面的宏观公平感涉及的内容更加复杂，限于篇幅本书只关注个体层次的微观收入分配公平感。

分配公平感除了在研究层面上区分为宏观和微观，还存在多个维度。细化公平感的不同维度，可以使研究更加准确和聚焦。依照分配环节的不同，可以将公平感分为机会公平感、程序公平感和结果公平感三类。这三种公平感囊括了一个雇员在企业中的不同生命历程，因而对于个体本身乃至转型期的中国社会劳动力市场来说同等重要。机会公平感也称起点公平感，即：人们对竞争某个职位所应有平等权利以及获得收益的感知。每个人的先天条件和个人禀赋使得大家并没有站在同一起跑线上，有的人能轻松获得先赋因素（性别、户口、家庭背景）的优势，在一定程度上影响被平等对待的机会，比如，进入劳动力市场的性别歧视和户口歧视便是机会不公平的一个范例。程序公平感也称为规则公平感，它关注的是个人在机会和结果获取过程或制度上被公平对待。若只看收入分配的结果很难判定分配究竟是否公平，更多的是要追溯到分配的过程中去考察。规则和制度是一个企业良性运行的基础，员工在这种制度的约束下实现个体的程序公平。程序公平指收入分配的过程和依据透明和公正，每个成员都有晋升和获得相应级别收入的同等权利和机会。暗箱操作和徇私舞弊则会破坏成员的程序公平感，不利于人力资源的优化配置。如果企业成员普遍认为程序不公平，则公司的收入分配制度可能存在一定程度的公平隐患，需要进行制度改革和完善。结果公平感通常在研究中受到更多的关注，因为它更加直观，更加容易测量。结果公平感是对收入分配结果公平与否的感知，即对收入实质性公平的追求（孟天广，2012）。分配原则正是对收入分配结果公平的一种有效保证。需要说明的是，分配合理的前提下即使有适当的收入差距也应该被认为是公平的，凭自身学历、能力、经验等获得的高收入应该得到认可。鼓励"能者多劳，劳者多得"也是市场自由竞争机制的体现。而对于岗位之间、行业之间的收入差距则需要国家用税收或是最低工资保障等措施进行宏观调节，以消除结构因素上的结果不公平。虽然以往研究对结果公平感也进行过详细探讨，但也仅仅将研究局限在客观社会经济地位和主观比较等几个有限的视角，仍然需要我们从广度上进行拓展。延续以往研究本书仍然聚焦结果公平感，但不同于以往研究的是，从一个崭新的视角出发来挖掘收入分配公平感的形成机制。

本研究所述的分配公平感特指职场中个体对于收入分配的微观感知，尤其探析单位内部个体与职场同事的交往互动过程对自身收入分配感知的主观建构。我们聚焦职场这一特殊场域的意义在于分配公平感的产生基于一定的社会情境，而职场是收入产生的直接场域同时也是收入公平判断最重要的情境。在了解职场交往带来的公平感效应后，从职场社会网络角度挖掘这一影响的中间机制，最后从宏观体制背景出发探讨这一效应的作用差异。通过这一过程打开职场中个体收入分配公平感产生的黑箱。

自 20 世纪 80 年代以来，随着中国收入差距的不断扩大，收入公平成为公众讨论的重要话题。与此同时，各学科也对分配公平感开始了广泛的关注。心理学、社会学、管理学、经济学等学科分别从不同角度对公平感进行了多方面研究。心理学主要从个体主观角度出发强调认知因素在公平感产生时的重要作用。主要以亚当斯的公平理论为基础，认为公平判断主要是通过比较相对值，而不是仅仅看客观收入的多寡（Adams J. S.，1996）。其中，相对剥夺理论和参照群体理论在研究公平感时占有重要位置。加里·朗西曼（Garry Runciman）最先用相对剥夺理论来探究社会不平等的态度，自此相对剥夺感被认为是公平感一种重要的心理机制。中国学者也纷纷开始将心理因素纳入分配公平感的研究中。相对剥夺感解释了分配不公平产生的心理机制，即对自己经济地位和收入下降的感知（郭星华，2001）。参照群体理论从另一个角度证实了与他人的比较也会产生公平与否的心理判断。其中，如何选择参照对象是研究公平感形成机制的重点和难点。翁定军认为参照对象的选择是由近及远的相似他人，首先选择熟悉的人、与自己类似的人、与自己是同一群体的人（翁定军，1999）。有研究表明，与参照对象相比的不利信息会使人产生攀比效应导致公平感降低，而与参照对象相比的有利信息则会产生虚荣效应导致公平感升高（周浩、龙立荣，2015）。

　　社会学主要关注分配公平感的影响机制以及可能产生的社会后果。第一，关于机制的研究是此领域的重点，主要集中在分配公平感产生的结构位置和社会文化因素（Cook K. S. & Hegtvedt K. A., 1983）。结构决定论将社会经济地位因素作为考量分配公平感的重点，认为人们出于自利会因为教育程度、收入水平、职业声望越高越认为自己的收入分配是公平的。在第 3 章中我们将着重梳理分配公平感影响机制的文献，在此不一一赘述。第二，某一群体的分配公平感也成为一个关注领域，学者将结构决定论及局部比较论等传统视角引入对特殊群体做了适用性检验。比如，青年群体的收入分配公平感研究证实了局部比较引起的相对剥夺感是影响青年人群收入分配公平感的重要因素（周兵、刘成斌，2015）。但是，在农民工这一群体中，客观经济地位维度并不起作用，生活体验成为影响分配公平感的关键因素（王毅杰、冯显杰，2013）。第三，中国转型时期民众公平观的研究。这一话题主要关注现阶段民众的公平观是什么？不同群体有何差异？差异的模式是什么？孙明（2009）认为随着中国市场经济的建立，与市场化的分配体系相对应的应得原则的公平观也随之建立起来，但平均原则的公平观依然被社会底层所拥护。具体来说，老一代人和国有部门的员工认可的不平等程度比市场部门要低。教育具有启蒙作用使得教育程度高的个体对不平等持更加批判的态度（李骏、吴晓刚，2012）。第四，分配公平感可能引起的社会后果研究。这类研究强调以往通常将分配公平感作为因变量，忽视了它也可作为一种影响因素的可能性。除了现阶段分配不公平感丧失是否会导致社会和政治动荡这一争论之外，分配公平还影响到其他主观感知。比如，分配公平感与幸福感。孙计领（2016）认为分配公平感对幸福感具有正向影响，分配公平感成为收入差距和幸福感的中介和调节变量。

　　管理学从组织管理者的角度出发，着重研究员工分配公平感知的现状，存在的问题以及如何治理。以期在企业分配决策上提供建议和改进措施，目标在于提高企业管理效率。员工的公平感影响到企业的管理甚至生存状况，因为员工一旦有了分配不公平的感知便会导致消极心理，工作效率下降，甚至劳资关系紧张（王燕等，2007）。管理学层面同时研

第❷章　分配公平感及其解释机制

究决策依据公平性、分配过程公平性、分配结果比较公平性（马新建，2015）。学者认为仅仅研究分配的结果公平与否并不能涉及分配的全貌，管理学更加重视分配的过程。组织公平理论被作为管理领域研究员工公平感的重要理论基础，认为程序公平和互动公平才是员工公平判定的来源。程序公平是指分配的程序和分配的结果一样应受到重视，在分配过程公平的前提下，分配结果不如意也能被接受（Thibaut J. W. & Walker L.，1977）。互动公平分为人际和信息公平，人际公平指人际交往尤其是上级对待下级是否尊重、有礼貌。信息公平则指上级给下级传达可靠信息和相关解释（Bies R. J. & Moag J. S.，1986）。保证分配决策透明、上下级有效互动以及员工的有效参与，才能使得分配程序公平，提升员工的分配公平感。另外，员工在分配过程中的公平偏好差异也会影响薪酬满意度（马新建、王元艳，2011）。员工的文化背景、价值观和企业分配行为都是员工对企业分配做出公平判断的依据（赵波，2000）。

另外，经济学、哲学、政治学等学科也基于不同侧重点对收入分配公平感进行了详细研究。经济学侧重对收入不平等和社会公平程度的测量。基尼系数、歧视指数、Mcloone 指数等度量方法被用来测量中国社会的实际不公平程度（杨少华、彭维湘，2006）。哲学强调公平的原则问题，用西方哲学家的经典公平思想对中国现阶段公平的现状进行解释。政治学从国家治理层面对不公平导致的社会后果（政治参与、政党偏好等）进行研究。分配公平感本身就是一个多学科讨论的热门话题，并且正在从单一学科研究向多学科交叉研究发展。本研究正是综合以上角度对分配公平感进行多学科交叉研究，利用社会学理论探讨分配公平感形成原因和后果，从心理学角度挖掘分配公平感的主观心理过程，从管理学的角度为企业发展提出政策建议。

2.1.4 职场交往、职场社会网络和职场社会资本

除了以上对于因变量分配公平感及其相关概念的说明之外，本研究还将对作为解释变量的职场交往及本书中频繁出现的职场社会网络、

职场社会资本概念给予界定，并阐述三者之间的区别与联系。

职场交往泛指个人基于职业和岗位需求而进行的人际互动。以往研究根据交往对象将职场交往分为不同类型，比如，科层关联和市场关联（边燕杰，2004），外联交往、内联交往和桥联交往（郝明松、边燕杰，2014），内部交往和外部交往（刘伟峰等，2016）。本书中的职场交往特指职场内部交往，也就是说职场个体与单位内部上级、平级和下级同事的交往情况。与单位外部交往、桥联交往等不同的是，内部交往的对象与职场个体是同一职业，这种同职的交往会放大社会资本的效应，因而对于个体分配公平感的形塑作用可能会更明显。

职场社会网络指个体在职业场域中由业缘关系建立起的社会网络。它是个体核心社会网络的重要组成部分，同春节拜年网络、求职网络、创业网络、餐饮网络等一样都是依据中国社会重要情境划分的个体核心网络类型。个体职场社会网络的结构受到行动者及交往对象所处职业位置以及交往频率的不同而有所差异。需要说明的是，在本研究中职场交往即是职场社会网络，二者指代的都是个体职场关系的特征。不同的是职场交往从动态的互动角度来说明，而职场社会网络侧重于个体网络的构成。

职场社会资本指职业场域中嵌入的社会网络资源。与林南对于社会资本的定义一致，不同的是我们将这一社会资本的范围限定在职场。本研究对于职场社会资本都用职场社会网络和资源来说明。这种职业资源附着于职场交往的对象上，行动者通过交往互动进行资源的动员和获取。因此，个体在职场中与同事的交往过程也成为职场社会资本的积累、动员和使用过程。也就是说，职场交往行为是职场社会资本的来源。

2.2 分配公平感的解释机制及述评

以上界定了几组相关概念并从多学科角度回顾了分配公平感的现有

研究，可以发现关于分配公平感的研究主要集中在探讨公平产生的来源，即影响分配公平感的机制问题。换句话说，人们判断分配公平与否的依据是什么？何种情况下才会被认为分配公平或是不公平？学者们在到底是什么影响了公众的分配公平感的问题上产生了大量争论，机制问题仍是研究的重点和难点。本章首先详细梳理以往研究的不同视角和理论观点，其主要目的有两个：一方面，按照梳理的顺序可以看出机制研究的发展变化过程，全面把握其研究进程；另一方面，发掘以往研究中存在的尚未关注之处，并以此作为研究的突破口，引出社会网络这一崭新视角。

2.2.1　结构决定论

社会结构一词在 20 世纪开始被作为专有名词广泛应用于社会学领域中，指的是社会的阶层结构或是个体在社会中所处的位置以及相应位置上所能获得的权利和资源。社会结构因素被学者用来解释收入分配公平认知的形成，这是迄今为止分配公平感机制研究中最重要的路径之一。

结构决定论的理论基础是"利己主义"，即以自我为中心的物质主义导向。人们所站的立场和对事物的观点往往与自己的利益相关，以利益最大化原则来判断事物的利弊。在收入分配公平的感知上亦是如此，个体的分配公平感受来源于他是否在这一过程中获得利益以及获利的多少（Ng S. H. & Allen M. W.，2005）。也就是说，如果在这一过程中获利多则认为现有收入分配体系是公平的，反之则会认为分配不公。那些占据优势地位的社会群体或个人会维护现有的分配体系以避免既得利益受损，而劣势群体则反对现有的分配体系以期获得更多的利益。从以上我们可以总结出，结构决定论的主要观点是人们对收入分配公平与否的认知取决于自身所处的社会经济地位，换言之，我们可以从人们所属的社会经济地位高低来判断其对收入分配的主观感受。一般而言，社会经济地位越高的个体越倾向于认为自身的收入所得是公平的。反之，经济地位越低的个体越倾向于认为现有的收入分配是不公平的。国内外学者对这一理论的适用性进行了实证检验，研究证明个人所属的社会经济地位越低，越认为当前的分配状况是不公平的，越同意把财富从富人那里向穷人转移（Alves W. M. & Peter H. R.，1978）。另外，家庭社会经济地位也会影响到孩子对经济不平等的感知，经济地位越高家庭中的孩子越将收入描述为公平（Emler N. & Dickinson J.，2011）。翁定军（2010）认为公平感是连接客观经济地位和阶层意识的中介变量，客观社会经济地位低的群体，更容易产生被剥夺的不公平感。

职业地位、经济收入和教育水平构成的客观社会位置为人们观察和思考社会境况提供了出发点（翁定军，2010），因而以往研究主要将社会经济地位操作化为社会阶层、收入水平和教育程度，从而检验是否这三个指标越高人们越容易由于自利主义产生收入公平的判断。李路路（2012）描绘了社会与经济管理者、专业技术人员、办事人员、商业服务业人员、工人和农民六大社会阶层在收入不平等认知上的差异，发现位于底层的农民收入不公平感高于其他阶层。孟天广（2012）将公平感操作化为结果公平和机会公平，结果公平感由收入水平决定，收入越高越认可结果公平，机会公平感由教育程度决定，受教育程度越高越认可机会公平。李颖晖（2015）发现了教育程度对分配公平认知的双重路径，一方面证实了教育程度作为优势性地位获得的条件，对分配公平感具有正向作用；另一方面，这种正向作用会随着期待收入和实际收入差距的扩大而降低，并且教育程度越高降低幅度就越大。张海东（2004）通过分析长春市调查数据得出教育程度、收入或者职业地位高的群体，由于更加具有地位追求意识而对社会不公平持积极的态度。不仅客观社会阶层如此，主观社会阶层认知更容易形成对公平的认知，越是将自己认同为社会上层的人，就越认同当前的不公平现状（王培刚，2008）。

已有研究验证了以社会经济地位为衡量标准的结构决定论是分配公平感的重要解释机制，在很长一段时间里结构决定论在公平感研究中都占据着特殊的位置。结构决定论在一定程度上考虑到了个体的收入状况、教育程度和职业地位等个体客观因素，并将自利理论作为个体公平评价的心理依据。尤其是将客观地位因素和主观心理感知因素相结合，无疑为分配公平感的解释提供了一条可行的路径。然而，正当学者们纷纷用不同数据对这一理论路径进行适用性验证时，一个重要发现颠覆了现有研究对结构决定论的支持。即相比城市居民来说，农民更倾向于接受当前不平等（怀默霆，2009）。这说明处于较低社会阶层的人尤其是弱势群体并不一定认为当前分配是不公平的，这个结果恰恰与结构决定论背道而驰。接下来，研究陆续得出了类似的结论。阶层地位是否具有优势对分配公平感并没有显著影响（王甫勤，2011）。并不是社会经济地位越高，人们越倾向于认为自己的收入是公平的论断（马磊、刘欣，2010）。以上发现致使学者们对结构决定论产生了质疑，难道分配公平感由客观社会经济地位决定的论断是错误的吗？同时，也引发了学者们对分配公平感影响机制的进一步思考。如果这一论断不正确，那么真正影响分配公平感的机制又是什么？

分配公平感是个体心理建构的过程，是个体生活状况的直接反映。但是仅仅凭社会成员的教育程度、职业类型、收入多寡并不足以了解他们对收入公平与否的主观感受。因为客观社会位置和主观态度是相分离的，根据职业、收入、教育程度三个指标构成的社会经济地位，由于个体心理建构的不同对公平的态度也会呈现碎片化的特点（翁定军，2010）。即使同一个职业类型或者同一个学历的不同个体，其分配公平感知也有高低之分。了解个体的社会经济地位只是一个客观基础，人们对现有状况再进行不同路径的主观加工，形成不同的主观感受才是重点。因此，当我们明确了个体的客观地位状况后更重要的是要探究个体如何进行主观加工，有多少种不同的路径，这样才能将分配公平感产生的根源一一列举。结构决定论的贡献是给了我们一个分配公平感形成的可能解释路径，但是仅仅把个体放置在结构框架里，未免忽视了个体的主观能动性带来各种心理活动的可能性。因此，之后对公平感的研究开始从客观转移到主观因素，着重探索个体从客观到主观的心理活动过程，即个体如何根据现有状况进行公平与否的主观判断。

2.2.2　局部比较论

在结构决定论受到挑战后，学者们开始纷纷寻找影响个体分配公平感的其他因素。对于为什么中国农民阶层比城市居民的分配公平感更高的难题，学者找出了局部比较这一心理认知因素进行解释。这一理论认为虽然中国农民有产生不满的客观基础，但是由于农民与其过去和身边人的比较带来了更加乐观的主观认知，使得农民对现有的不公平更容易接受（怀默霆，2009）。局部比较论解决了结构决定论无法解释的地位低的群体反而认为分配更加公平的现实状况，为个体分配公平感的解释提供了另一条可行的路径。

从心理学角度来看，分配公平感是人际间相互比较和社会规范内化的共同结果（翁定军，1999），强调局部比较的公平理念阐释了分配公平感形成的心理机制。美国心理学家约翰·斯塔希·亚当斯（John Stacey Adams）在《社会交换中的不公平》一书中提出了公平理论又称为社会比较理论，他认为人们取得报酬以后关注的不仅仅是报酬的多少，而是报酬的意义。通过种种比较来判断自己所获得的报酬是否合理，进而判断收入分配是否公平（Adams J. S.，1966）。这种局部比较的心理感知路径被学者用来解释分配公平感的形成。局部比较论强调公平感形成过程中的参照比较原则，影响个体分配公平感的不是客观社会地位，而是个体基于自己的生活境况而进行的局部范围内的比较（刘欣，2002）。

局部比较后产生的相对剥夺感是导致收入分配不公感知的主要来源。美国社会学家萨缪尔·斯托弗（Samuel Stouffer）提出相对剥夺的概念，它是指个体或群体意识到自己不具有某种资源并且意识到他人具有，期望拥有这种资源同时这种期望是合理的。那么在这种情况下，个人或群体就会有相对剥夺感（Runciman W. G.，1966）。相对剥夺感是一种受损的心理状态，它是人们通过与参照群体比较所产生的自身利益被剥夺的内心感受。这种感受与现实利益的减少并不直接相关，无论个体收入增加还是减少，只要与参照群体相比感受到自身处于劣势地位，即便收入增加也会产生分配不公平的感受。常见的比较参照对象有三种：（1）人们与自身过去生活体验的纵向对比。格尔强调了纵向对比对于个体剥夺感形成的重要作用。如果与自己的过去相比认为生活状况有了改善，则会对自身收入分配产生积极的判断，即认为自己收入所得是公平的。反之，如果社会地位或境遇恶化则会认为收入分配是不公平的（Gurr R. T.，1970）。（2）与周围人进行横向对比。个体通过将自身所获得的资源，同现实可比的参照群体所获得的资源相比，如若一致则认同资源分配结果，若不相符便会感到相对剥夺，产生不公平感（Berger J. et al.，1972）。（3）与个体价值尺度和期望水平之间的比较。如果现有状况不满足价值期待，尤其是对投入的回报并没有达到预期时，则会产生相对剥夺感（王宁，2007）。

既有研究将局部比较因素引入微观分配公平感的解释机制，在不同层面验证了基于相对剥夺感的局部比较论在解释微观分配公平感的适用性及特殊性。马磊和刘欣（2010）利用2005年中国社会调查数据否定了结构决定论的观点，证实了中国城市居民的分配公平感是由局部比较因素决定的。同时，验证了比较对象主要是自己过去的状况和周围其他人的状况，如果与其相比社会经济状况处于劣势地位则会产生被剥夺的不公平感。收入水平作为社会经济地位重要指标，其"实然"提高本身并不能造成"应然"的公平感提升。与参照群体及历史境遇比较时，认为自己的收入水平越高，则越易于产生公平感（魏钦恭等，2014）。有研究认为教育程度对分配公平感的影响路径支持了相对剥夺理论，教育作为优势性地位获得的重要条件对公平感的正向效应具有条件性，教育对分配公平感的正向效应会随着实际收入和期待收入的差距扩大而降低（李颖晖，2015）。并且投入越多期待越大，公平感越低。另外，与自身纵向经历相比，与过往持平或向上流动情况下，教育水平越高，分配公平感越高（孙薇薇、朱晓宇，2018）。将人群范围局限到青年群体后局部比较论依然有较强的解释力，研究发现青年群体的分配公平感与青年群体内部差异所导致的相对剥夺感密切相关，与同龄人比较所引起的相对剥夺感是影响收入分配公平感的重要因素，与自己过去相比社会经济地位是否上升也具有重要影响（周兵等，2015）。

人们如何选择参照群体？这是局部比较理论中的重点和难点，也是微观分配公平感形成机制的重要突破口。学者们试图回答微观公平感形成过程中"与谁参照"和"如何参照"的理论难题。有研究发现职业群体是形成公平感的参照群体，群体内和群体间的双重比较形成个体利益和群体利益受损与否的判断（李煜、朱妍，2017）。对农民工群体的研究结果发现都市户籍移民和流动人口会视其他相同迁移经历的群体为"同质参照"，也会与土著居民进行"异质参照"。他们会由于与参照对象之间相对距离位置扩大而产生更加不公平的心理感受（王元腾，2019）。新生代农民工分配公平感亦受局部比较理论影响，其参照群体的选择体现了城市与农村的双重轨道。属于城市底层群体的新生代农民工体验到了不公平感，但通过与所流出的农村地区相比较又降低了其不公平感（龙书芹、风笑天，2015）。

在微观分配公平感的形成机制问题上，既有研究将局部比较论作为结构决定论后又一个重要解释框架。这一理论的贡献在于：首先，突破了结构决定论的单一解释机制，使分配公平感的解释更加多元化。改变了从单一的社会经济地位出发的研究视角，使我们进一步认识到客观的收入增加并不必然导致分配公平感的提升。其次，开始关注主观因素对个体分配公平感的建构作用。从心理层面找出了个体通过与参照对象比较引起的相对剥夺感导致公平感丧失的解释路径。最后，说明了个体分配公平感是通过与周围他人的社会比较得来的，个体并不是孤立的存在。然而，研究在"与谁比较"的比较偏好问题上提出笼统的相似他人但多数研究并没有做进一步拓展，将参照对象细化有利于我们增强局部比较论的解释力。另外，多个潜在参照对象同时存在时个体如何选择，选择的依据是什么？这些问题还需进一步探索。

2.2.3 归因偏好论

人们评判分配是否公平时不仅会考虑分配的结果，还会考量分配的过程是否公平（Verwiebe R. & Wegener B.，2000）。如果说结构决定论和局部比较论从人们"得到了什么"去评价分配结果是否公平，那么归因理论则从"为什么会得到"的分配过程角度去寻找人们获得现有利益的原因。归因是一种心理认知的过程，是对自己或他人行为进行的因果解释或推测。归因理论属于社会心理学范畴，它的基本逻辑在于影响人们做出某种判断的无外乎有两种原因，一种是天气、压力等外因，另一种是人格、能力等内因。如果将一个人的成功归结于内部因素则成就感会更高，反之，将成功归结于外部因素则成就感会降低（Weiner B.，1985）。并且，这种归因会影响到行动者下一步的行为和判断。

归因偏好理论被学者应用到分析分配公平与否的感知中。总的来说，人们不论所处的社会经济地位高低，将自身所得不断归因最终得出分配是否公平的判断。如果一个人的所得是因为运气、体制等外部因素，则会认为分配是不公平的。反之，如果归因于教育程度、个人能力等内部因素，则会认为分配是公平的。这是因为人们往往认为内部因素是个体可以主动改变的，而外部因素是不可能通过个体努力来改变。因而，人们更加认可由内部因素引发的不平等。已有研究主要回答了人们对不平等的归因和公平感之间的关系，以及作为自致性因素的教育水平是如何通过不平等的归因来影响分配公平感的。王甫勤（2010）通过分析"上海市居民的阶层地位与社会意识"数据发现归因偏好比自利理论更能解释上海市居民分配不公平感的形成。验证了越是将社会不平等归因为个人绩效因素，分配公平感就越强；反之，越是将社会不平等归因于权利、政策因素，分配不公平感就越强。孙薇薇（2018）从归因理论出发分析了教育年限对分配公平感的影响机制，当人们将成就归因于努力时，教育程度越高越认为收入分配是公平的，并且这种归因显著降低了教育对分配公平感的负面影响。而当人们将不平等归因于特权时则会增加教育对分配公平感的负向作用。赵晓航（2015）认为教育程度对公平感的影响存在双重路径，即教育程度越高越可能认为收入分配是不公平的，同时对不平等的批判式归因倾向也越强，从而间接削弱了自身的分配公平感。

不同于结构决定论关注个人是否获得优势性社会经济地位，归因理论更加着重探究为什么人们会得到现有的利益。归因理论将分配过程纳入公平与否的判断，与以往理论仅仅关注分配的结果来说在解释机制上有了进一步拓展。它将人们的认知因素作为考量的重点，增强了人们的主观能动性对分配公平感的影响。然而，已有研究虽然在不平等归因对公平感的影响上有一致结论，但是在群体的归因偏好上缺乏有效探讨，也就是说究竟哪类群体分别支持内因和外因？有待进一步深入分析。

2.2.4 市场转型论

分配公平感不仅受到社会结构的因素影响，还会被社会文化因素所形塑。这种社会文化因素在此指的是一个社会主流价值观对如何分配才算公平的看法。研究表明，不同价值观的群体之间对于收入公平与否的主观认知也存在显著差异（Verwiebe R. & Wegener B.，2000）。这种差异使得持有不同公平观的人群对现阶段分配状况也产生公平或不公平的判断。因此，我们有必要了解人们通常用什么尺度来衡量是否公平，它们包含哪些评价的标准，以及在社会转型过程中这些标准是否发生了变化（张静，2008）。

学者对公平观如何影响分配公平感知问题主要以中国市场转型为背景展开。中国经济体制经历了计划经济到市场经济的变革，随之伴生的是人们对于公平分配的价值观的转变。倪志伟（1989）提出市场转型论，他认为在转型过程中再分配的作用被削弱，导致权力的贬值和人力资本的升值。而"权力维续论"对此提出了挑战，认为再分配制度作为惯性仍然存在，政治权力对财富分配得以维续（Bian Y. J. & Logan J. R.，1996）。市场转型和权力维续论也给与之相对应的分配公平观提供了一个观察的视角。市场机制带来了人们利益结构的重组，自由竞争使得能力、绩效和贡献等因素成为资源分配的依据，也同时塑造了人们摒弃计划经济体制时期追求全面平等、平均分配和吃大锅饭的状态。人们普遍认为计划经济对应的是平等的公平观，而市场经济中人们应该树立的是应得

第 **2** 章 分配公平感及其解释机制

的公平观。但是由于社会观念的滞后性和权力维续的存在导致在市场经济确立的今天仍有平均主义的观念。而这种平均主义的公平观是对市场化分配制度合法性的挑战，在一定程度上构成了社会紧张的影响因素。

对于转型期分配公平观的实证研究主要致力于回答以下几个问题：应得的公平观是否已经随着市场转型而建立？计划经济体制所倡导的平均主义的公平观是否依然存在？市场化程度的高低是否也会引起人们分配公平观的差异？什么样的群体持有什么样的公平观？孙明（2009）区分了平均原则和应得原则两种公平观，认为市场转型的过程使得民众分配公平观由平均原则向应得原则转变。因此，人们所在单位的收入分配市场化程度越高，越倾向于支持应得原则的公平观。同时，社会经济地位的差异也会导致分配公平观的断裂，底层民众更支持平均原则，威胁了应得原则的合法性。李骏等（2012）探讨了社会内部不同群体之间存在的公平价值观差异，并用部门和世代两个变量来检验。认为不同世代所经历的社会化环境差异导致年龄大的人认可较低程度的不平等，国有部门人员比市场部门人员认可的不平等程度更低。也就是说老一代人和国有部门人员更加支持平均主义的公平观。魏钦恭等（2014）认为市场化程度越高，人们收入分配的能力主义取向越强。能力付出匹配状况可以消减收入不公平感。对于持能力主义取向的群体，对当下的收入分配状况更加满意，可以更加理性地看待收入差距。

2.2.5　社会流动论

社会稳定的因素不仅是阶层结构的形态，更重要的是阶层之间的流动性（黎熙元，2008）。社会流动从个体层面上来讲指的是社会成员在不同社会职位之间的变动（Sorokin A. P.，1927），包括职业、教育、户籍等方面。个体通过向上流动实现了社会经济地位的提升并从中获益，因而对于收入差距具有更多的包容，对社会及个人的收入分配持有公平的态度。社会流动论从个体生命历程角度回答了为何中国收入差距扩大的同时并没有引起社会动荡的学术争论。在这一意义上，社会流动具有安全阀的作用，通常被作为判断一个社会是否开放的指标。

社会流动因素影响分配公平感遵从局部比较论和相对剥夺论的逻辑，人们通过与自己过去纵向经历的比较，产生社会或职业地位的向下剥夺感从而产生分配不公平的感知。由于社会分层和社会流动是社会阶层分化的两个重要过程，我们并没有将社会流动这一因素归类到局部比较论中，而是将其作为一个单独的小节来凸显它的重要性。国内从社会流动角度研究分配公平感的文献较少，主要探讨的问题集中在社会流动是否影响人们的分配公平感？影响分配公平感的社会流动因素主要表现在哪几个方面？这种影响的主要机制是什么？学者们利用各项调查数据对上述问题进行了检验。

胡建国（2012）从社会流动与阶级意识的关系出发，通过分析 2008 年 CGSS 数据发现人们的社会流动经历显著影响其收入分配公平感。那些实现了向上流动的人改善了自身的社会经济地位对未来持有更加积极的态度，因而弱化了对收入差距的不满和收入不公平的感受。因而，畅通的社会流动机制对于提升人们的收入分配公平感有着重要意义。王甫勤（2010）更加深入地探讨了职业、教育和户籍三种不同维度的社会流动对分配公平感的影响效应及路径，研究发现代际职业流动成为分配公平感的主要影响因素，而代内职业流动对分配公平感却没有显著影响。代际职业流动部分支持了"流动决定论"，通过提高自己的社会位置来提升公平感，同时也改变了其对社会不平等的态度。教育流动通过归因偏好来实现对分配公平感的影响。户籍流动对分配公平感呈现负向效应。由农业户口转变为城镇户口的群体虽然实现了客观地位的向上流动，但是由于参照群体转变成为周围的城镇人口，所以发生了主观地位和社会态度的向下流动，因而具有不公平感。

虽然社会流动论在本质上并不能解决收入差距拉大、分配体系不完善等客观问题，但是在一定程度上缓解了人们对于现有收入分配体系的不满和抱怨，从主观层面上赋予人们向上流动和改变命运的信心。开放的社会结构和流动体制对于降低人们收入分配的不公平感，实现社会和谐有序发展具有积极意义。

2.3 既有解释机制的不足之处

2.2 节我们梳理和评述了以往研究对分配公平感的不同解释机制，它们从不同逻辑出发对人们如何感知分配公平进行了回答。以往理论视角丰富了分配公平感的研究，让我们可以从不同角度来审视分配公平感形成的社会和个体因素。既有研究的模式在于用一种或几种社会学、心理学等领域的传统理论对公平感进行解释，并利用数据来证明这种理论对中国民众分配公平感的适用性。具有理论系统性和方法规范性的特点，对中国民众分配公平感的研究具有很强的针对性，对于提升中国民众的分配公平感提出了合理建议。但是，以上研究视角仍然留下了一些值得思考的空间。

首先，缺少中观层次的解释视角。如果说结构决定论从宏观层次解释了影响收入分配公平感的经济地位和制度结构因素，那么局部比较论、社会流动论和归因偏好论等则从微观层次证实了个体的比较、认知、公平归因等心理因素对分配公平感的形塑作用。然而，既有研究无形之间将宏观和微观之间架起了一道不可逾越的鸿沟，将宏观和微观因素割裂开来，之间缺少必要的过渡。分配公平感本身是一个复杂的研究问题，它涉及分配制度、社会结构、社会文化、个人机遇和内心活动等方方面面，从其中任意一个角度去审视公平感都未免有遗漏之处。当然，我们在这里并不想构建一个可以囊括宏观和微观领域的宏大理论，而是想建立一个中观层次的视角，将宏观和微观因素连接起来，更为全面地阐释分配公平感的发生机制。避免只局限于社会制度和经济地位的宏观探讨，同时也不仅仅关注个体心理因素的微观解释。虽然分配公平感的中观层次研究已经存在，但也只是局限在基于自我认知和社会共识的新制度主义视角（刘欣、胡安宁，2016），需要我们进一步从中观层次来挖掘个体收入分配感知的形成原因。

其次，研究忽视了个体所在不同场域中社会情境的分配公平感差异。

在布尔迪厄看来场域是人的社会行动所展开的场所或领域，它考虑更多的是其关系性而非结构性（侯均生，2001）。人们的日常生活处于不同的场域之中，按照日常生活情境的不同可以分为家庭场域、工作场域等。个体通过对特定场域中的情境判断形成对分配公平与否的认知，不同的情境下产生的分配公平感知也可能存在差异。以往研究从广义的社会人角度出发，但是并没有将个体置于某种社会情境之中。结构决定论将教育、收入、职业地位相比较，认为社会经济地位高的个体处于自利心理认为自己的收入所得是公平的。但是这种判断只是泛泛地将个体置于宏大的社会群体中去比较。试想在现实生活中个体怎会和一个社会中的任意陌生人去比较？因而，结构决定论难免在对现实数据上缺乏解释力。局部比较论等虽然考虑到了与自己的过去状况或和周围的人进行比较，但仍然没有将参照人群细化，也并没有将公平感知这一问题聚焦到个体的现实社会和生活情境中，这种比较难免缺乏针对性。显然，我们对这一问题的解决方式是最大程度还原个体在生活中的真实情境，将个体置于特定的场域去研究，这样对微观分配公平感更有解释力且更具现实意义。

最后，应关注社会互动对个体分配公平感的建构作用。奥尔格·齐美尔（Georg Simmel）最早在《社会学》一书中提到社会互动。社会互动论认为人们在社会生活中相互交往、彼此沟通，是人与人行为的相互影响和作用的动态过程。社会互动是分析一切社会现象的基础（邓伟志，2009），它对于分配公平感的建构意义在于它将人们对于分配公平的感知置于关系结构的层面。以往多数研究忽视了个体参与社会互动的层面，倾向于将人看作一个静止的、孤立的个体，套用既定框架对分配公平感进行解释。我们并不是要摒弃以往的研究理论，而是将这些理论放入一个既定的社会互动情境中，进一步检验它的适用性的同时拓宽微观分配公平感的研究向度。对收入感知的研究建立在社会互动基础之上，探索社会互动给个体带来的客观意义和主观意义，在此基础上找出影响分配公平感的逻辑内涵。

2.4 本章小结

第 2 章位于核心章节之前，起到承上启下的作用。这一章主要是对核心概念的说明，找出既有分配公平感机制研究的尚未关注之处，为引出下一章本书的研究视角做准备。在这一章中，首先，我们界定和辨析了几组相关概念，从概念上先明晰分配公平以及公平感知的内在诉求。包括平等和公平、收入差距与公平分配、收入分配公平感以及职场交往等。在明确相关概念的前提下，进一步了解了收入分配公平感的研究诉求。明确了平等分配并不一定代表公平，公平并不是要求均等分配。同时，社会存在收入差距也并不代表不公平，合理的收入差距是社会向前发展的动力所在。同时，我们从不同学科层面归纳了已有研究，据此将本研究置于个体对分配结果感观维度进行研究。其次，由于分配公平感的影响机制是目前学界关注的焦点也是难点，我们接着从多视角回顾了分配公平感的形成机制并对每一种视角进行回顾和评述，其中包括结构决定论、局部比较论、归因偏好论、市场转型论以及社会流动论等。最后，对已有分配公平感机制研究的主要视角进行了评述，提出了既有研究尚未关注之处，包括缺乏中观层次的研究视角，忽视了个体微观分配公平感知所产生的场域和情境因素以及作为社会成员的行动者在社会互动过程中对分配公平感知的建构过程。因此，针对以上问题，本研究认为应该寻找一种新的视角来进一步拓宽分配公平感的研究方向。尤其是将分配公平感放在特定的场域和日常生活中，还原其产生的真实社会情境。在社会行动者的真实互动的动态过程中探寻分配公平感产生的机制所在。为下一章提出一种中观层面的解释视角做了铺垫。

第 3 章

社会网络与分配公平感：
新的解释视角

前一章我们界定了相关概念并且综述了分配公平感的主要研究机制。已有研究从"得到了什么""为什么得到"以及"谁应该得到"三方面对公平感的研究机制进行了深入挖掘，学者们争论的焦点仍然是究竟是什么影响了人们的分配公平感。既有研究尚未关注之处引发我们进一步思考，能否摆脱原有理论的框架，从一个新的角度来看待收入分配公平感的发生机制。鉴于以往研究中对宏观微观因素缺乏有效整合，对社会互动因素的考量以及忽略公平感产生的社会情境等问题，我们据此提出社会网络的研究视角。

人们既形塑社会网络，也被社会网络所形塑（刘军，2006）。从这种意义上讲，人们对分配公平与否的评价嵌入在日常社会网络之中，并且被个体的社会网络塑造。人们在日常社会网络中与他人进行社会交往和互动，由此产生与他人资源的获取和交换。同时，感知到地与其他成员的地位差异，为个体评价自身收入分配是否公平提供了社会基础。除此以外，我们从社会网络理论出发来研究分配公平感还存在以下三点原因。

首先，社会网络将影响收入分配公平感知的宏观和微观因素相结合。社会网络是连接宏观和微观层面的工具，它的目的就是为宏观层面的结构和微观层面的互动架起一道桥梁（Granovetter，1973）。不仅如此，社会网络也为个人与社会、能动与结构等二元关系的消解提供有效分析

（汤汇道，2009）。分配公平感受到宏观和微观多重因素的影响，个体公平感的产生正是个体对多种客观因素的主观整合。从社会网络的视角研究分配公平感，解决了以往研究中单独用宏观或者微观因素解释的片面性和局限性。社会网络作为一种中观的理论视角，不仅考虑影响分配公平感的制度和结构因素，更关注人与人之间的联系性和互动性等微观因素。最重要的是它将二者巧妙结合，形成对分配公平感知的整体性判断。

其次，社会网络将分配公平感的形成看作个体不断互动的动态过程。与以往研究倾向于将个体看成一个孤立的、静止的不同，社会网络理论关注个体间的联系性。社会网络理论没有把结构看成是既定的，而是分析它的起源和延续以及在社会成员内化的过程。社会网络理论认为个体间的社会互动、社会交换和社会感知是一个动态的过程，在动态的互动过程中相互影响，最终塑造个体的行动和整体结构。社会行动者作为一个能动的个体，在互动过程中形成对自身收入分配公平的认知。如果缺少了对行动者动态的分析，就无法理解社会网络对行动者的意义，也就无法解释行动者对分配公平感知的机制所在。只有还原社会行动者的动态关系演变过程，才能更好地把握分配公平感形成的机理。研究的重点在于如何透过社会行动者自身的社会网络，分析其行为和认知背后蕴含的社会结构意义。

最后，社会网络赋予了分配公平感特殊的作用空间。分配公平感虽然是个体的主观感受，但它并不是个体凭空的臆想，它的产生必然嵌入在一定的空间、场域和情境之中。不同于以往研究关注"得到了什么""为什么得到"以及"谁应该得到"，社会网络理论侧重"在哪里得到和如何得到"。如果结构决定论强调的是个体社会经济地位的高低，那么社会网络理论则强调个体在什么范围之内比较社会经济地位的高低。如果说局部比较论强调与他人相比、与过去相比，那么社会网络理论则关注在什么空间里与他人相比，并且将模糊的他人具象化。社会网络将分配公平感的产生限定在特殊的网络空间里，比如餐饮网、求职网、拜年网等。我们将个体置于这些特殊的网络中研究，分配公平感便有了情境的建构过程，研究更贴近于社会行动者的现实生活情境。另外，当个体处于不同的网络空间时，其分配公平感的产生机制也有差别。例如，我们处于家庭和职场场域时，心理预期不同，互动的内容不同，比较的对象不同，交换的资源不同因而引发的互动结果和心理感知也必然具有差异性。因而，不同的网络空间对个体行为和心理的特殊建构是我们在研究公平感时应该关注的焦点。

鉴于此，本研究强调将个体看作社会网络中具有能动性个体，从人们所处的社会网络出发，研究与他人的互动、交换、比较过程对个体公平感的建构意义，从而提出一种关于中国民众收入分配公平感的新解释。为了更清楚地阐述社会网络对公平感的影响机制，下文首先对社会网络的概念、分类、功能等知识进行总结性回顾。

3.1 社会网络理论及类型

3.1.1 社会网络理论渊源及其发展

社会网络（social network）一词最早由英国人类学家拉德克里夫·布朗（Alfred Brown）于 1940 年提出，它的兴起源于对社会互动的描述。社会网络是相互联系的社会行动者结成的稳定关系结构（边燕杰等，2012），也是个体与社会发生联系的重要桥梁（Granovetter M., 1985）。社会网络将社会结构视为由许多节点构成，其中个人或社会组织是一个点（point），人与人之间的关联称之为线（line），从一个点到另一个点的过程称为路径（path）。将所有的点和线连接起来，我们就可以将社会看作一个大的网络。社会网络将个人、组织和家庭等关系连接起来，社会资源也经由网络进行传递。社会网络分析（social network analysis）属于西方社会学重要分支之一，从 20 世纪 30 年代末开始展开对社会结构的研究。以米歇尔、巴恩斯为代表的曼彻斯特学派建构了诸如中心性、密度、强度、互惠性等网络概念。网络分析法不但关注网络本身，更加强调网络中的社会成员，认为网络成员的行为主要来自网络的结构而不是社会成员本身的内驱力。20世纪50年代后，社会网络分析开始演化为两种不同的研究取向：第一种研究取向以林顿·弗里曼（Linton Freeman）为代表，他们用社会计量学的方法来研究小群体的结构（如部落、乡村等），研究的重点在于这种有界群体的内部结构和社会成员的行为。第二种研究取向以马克·格兰诺维特（Mark Granovetter）、哈里森·怀特（Harrison White）、林南（Nan Lin）、罗纳德·博特（Ronald Burt）等为代表，他们的研究重点在于从社会网络对社会成员的作用角度出发来分析社会成员的行为如何受到其人际关系网络的影响（肖鸿，1999）。20世纪70年代起，社会网络研究的发展和成熟使得它成为一种重要的理论和研究范式，并演变出一系列的社会网络理论。在本研究中着重探讨的是第二种研究取向，即个体的行为如何被社会网络所影响。因此，以下有必要简要梳理主要社会网络研究学者及其理论的发展与演变历程，为我们开展分配公平感研究奠定扎实的理论基础。

1. 怀特的"市场模型"理论

哥伦比亚大学社会学系教授哈里森·怀特是社会网络领域"哈佛革命"的领军人物，他培养了诸如格兰诺维特等知名社会学者。以哈里森·怀特为核心的哈佛学派将社会结构看作由网络和关系组成，并利用网络概念来建构社会结构理论。他和他的学生们使用图论（graph theory）对社会网络进行了标准化创建，并将社会结构用模型来表示，结合数值理论开展分析，开启了社会网络的数字化基础。

怀特于1981年发表在美国社会学杂志上的《市场从何而来？》对于社会网络研究的发展具有里程碑式的意义，他对于市场化的网络建构后来也被学者称为市场网络观（肖鸿，1999）。怀特用社会学的结构主义重新建构了经济学的市场概念，并提出市场是由社会网络发展而来的观点。他将市场定义为一种不断再生的社会结构，由参与者对彼此行为的观察得来的不同角色形成了这种社会结构（White H. C.，1981）。这种市场的定义从交换领域延伸到了生产领域，市场是一种生产商之间、生产商与消费者之间的资源流动关系。第一，生产商是市场的主角，而消费者是一种参照物。他从生产商的视角来构建市场模型，将消费者只作为一面镜子来反映生产商的行为。消费者被动的通过生产商提供的产品来做出买或是不买的选择。第二，市场是通过生产商的行为来塑造的。生产商由于各自角色的不同来形成一个内部结构复杂化的立体市场。生产商之间的关系并不是孤立的，他们呈现一种相互观察不断互动的动态关系。通过观察其他生产商的行为来决定自己的行为，而这种行为同时被其他生产商作为判断自己行为的依据。第三，信任是市场秩序得以维系的基础。不同于一般市场，这里所说的市场并不按市场规律来办事，而是由生产商内部相互交往产生暗示和信任。他们相互传递信息并建立信任关系，在这种关系的制约下他们对规则和共识进行维护，使得商业往来得以维持。虽然怀特的市场模型被后人认为是忽略了政治和文化等宏观因素的考量，通篇都是晦涩难懂的数学公式和图表，但是这篇作品仍有着不可忽视的意义。它标志着社会学家第一次凭借经济学中市场的概念来重新构建社会学结构主义（王晓路，2007）。

2. 格兰诺维特的"弱关系"和"嵌入性"理论

美国斯坦福大学教授马克·格兰诺维特（Mark Granovetter）是 20 世纪 70 年代以来全球著名的社会学家之一，他的研究主要集中在社会网络和经济社会学。作为社会网络观和新经济社会学的开创者，他在社会学刊物上发表了大量关于社会网络与不平等的文章。他的贡献在于提出了弱关系假设和嵌入性的概念，观点主要集中在 1973 年发表在《美国社会学杂志》上的《弱关系的力量》以及 1985 年发表在《美国社会学杂志》上的《经济行为与社会结构：嵌入性的问题》两篇文章中。

20 世纪 60 年代末，作为哈佛大学研究生的格兰诺维特通过探寻麻省牛顿镇的居民如何找工作来研究他们求职中所用的社会网络。他区分了强关系（strong tie）和弱关系（weak tie），并且探讨了他们在劳动力市场的作用差异。这里的强关系主要是指个人接触比较频繁的社会交往圈，比如，亲人、同学和同事等。弱关系指代更为广泛的社会关系，这种关系具有交往频率低、情感投入少、互惠程度弱的特点。研究发现弱关系比强关系在找工作时更能发挥作用（Granovetter M.，1973），其中的机制在于二者在信息传播时的差异。由于强关系的双方有高密度的互动，拥有的信息内容相似，容易造成信息的封闭，并不能为找工作带来有效信息。然而，处于弱关系连接的两个社会成员位于不同的工作环境，可以更加快速、高效率、低成本地传递非冗余的信息，弥补了劳动力市场信息不对称给求职者带来的困境。社会成员凭借弱关系可以更快地了解与自身求职需求相近的信息，为他提供更广阔的就业机会。这种弱关系越多，他找到更好工作的概率就越大。

《经济行为与社会结构：嵌入性的问题》一文深化了以往的研究，更加深入地探讨了行为和制度是如何影响社会网络。经济行为和社会网络的关系问题一直是社会学和经济学对话的焦点。他在文章中指出了经济学倡导的"低度社会化"以及社会学认为的"过度社会化"的不足。他反对将个体看成是一个自发追求利益最大化的理性的经济人，因为他将人们过分地原子化，也不同意将个体看作屈从于现实结构和环境，盲目将价值和规范内化的社会人。他认为行动者并不可能抛开社会网络独立运行，也不会依附于自己所属的社会角色。对人类行为的分析，应该尽可能避免由低度和过度社会化带来的孤立性和机械性。他借用人类学家卡尔·波兰尼（Karl Polanyi）的"嵌入性（embeddedness）"概念，提出行动者的经济活动是嵌入在社会结构中的，他们的行动受到所在社会网络的影响（Granovetter M.，1985）。这一理论的提出被视为新经济社会学诞生的标志，为经济行为的解释提供了新的范式。

3. 罗纳德·伯特的"结构洞"理论

美国社会学家罗纳德·伯特（Ronald Burt）丰富和发展了格兰诺维特的研究，他主要通过分析社会网络的结构来探讨社会网络怎样给社会成员带来更多的信息和回报。1992 年罗纳德·伯特在《结构洞：竞争的社会结构》一书中创造性地提出了结构洞理论（structural holes）。他对结构洞的定义是社会网络中的成员和某些成员发生直接联系，而和另外一些成员不发生直接联系，形成的网络整体中的"洞穴"（罗纳德·伯特，2008）。由此可见，结构洞指的是社会网络中的间隙，它蕴含着两个行动者之间的非冗余信息，正是人际网络中的结构洞给个人带来了信息和资源。例如，社会网络中有三个社会成员 a、b 和 c，a 与 b 发生直接联系，a 与 c 也发生直接联系，但是 b 和 c 并不发生直接联系，那么 b 和 c 之间存在着关系的缺失，它们之间就出现了一个结构洞。由于 a 占据了结构洞的位置，b 和 c 需要通过 a 才能发生联系，实现信息和资源的传递，那么 a 同时有着信息和控制的优势。

伯特针对格兰诺维特的弱关系理论进一步提出社会网络中的结构比关系的强弱对社会成员来说更加重要（罗纳德·伯特，2008）。因为无论关系强弱只要存在结构洞，就决定了社会成员掌握了更好的资源、信息和权力，帮助他在竞争中处于优势地位。那么，从这个意义上讲，无论是企业还是社会成员在社会网络结构中占据的结构洞越多，就越容易在竞争中获得更多的社会资源和经济回报。因此，企业或者个人如果想要在竞争中占据优势，就必须占据更多的结构洞，实现信息和控制的主动权。一方面比他人拥有更多的有用信息，另一方面根据自身需要适时向他人传递信息，实现控制的优势。以此来实现社会成员在劳动力市场上中的就业和升职的机会，从而获得更好的经济回报。

4. 林南的社会资本（社会网络资源）理论

美籍华裔社会学家林南（Nan Lin）对格兰诺维特的"弱关系强度假设"进行扩展和推广的基础上形成了社会网络资源理论，也称社会资本理论。其著作《社会资本：关于社会结构与行动的理论》详细阐述了理论的有关内容。他将目的性行动中被获取的和被动员的、嵌入在社会网络中的资源称为社会资本。社会资本由资源、社会结构和行动三个要素构成，其中资源被他视为社会资本理论的核心。为区分不同资源的类型，他将行动者的资源分为个人和社会资源两类。不同于人力资本这种个人资源，社会资源由行动者通过社会关系进行直接的或者是间接的获取。这些社会资源包括权力、财富和声望。目的性的行动是获取资源的动机，他由此区分了表达性行动和工具性行动。通过这种目的性的行动来维护原有的资源以及获取其他有利的资源。

林南由此提出了有关社会资源的一系列命题。第一，关系强度命题。他修正了格兰诺维特的弱关系假设，通过区分人们的行动类型来进一步厘清强弱关系获取社会资源的不同效应。他认为通过强关系获取的社会资源更有可能对表达性行动呈现正效应。而通过弱关系更容易在工具性行动中获得社会资本。第二，地位强度命题。人们获取资源的能力与社会位置成正比，即初始位置（包括先赋地位和自致地位）越高，能够获取和动员的网络资源就越好。第三，位置强度命题。强调了等级结构和网络位置对于获取社会网络资源的重要性。那些靠近网络中桥梁位置的行动者更容易获取好的社会资源；第四，社会资源命题。越好的社会资源越容易使得个人实现目标。

对于社会位置对资源获取的影响，林南构建了一个等级制的金字塔来描述。假定整个社会是一个金字塔，其中分不同的社会等级。每一个等级上都附着相应的社会资源，而且这种资源是不均匀分布的。位置的高低和资源的数量成正比。从数量上讲，位置越高，行动者的数量越少。位置越低行动者的数量越多。从资源上看，位置越高，占据和控制着越多的优质资源，而且拥有最完整的信息。

虽然林南提出的是社会资本理论，但他从社会网络和社会资源的角度来定义和说明，实现了社会资本和社会网络资源理论的高度融合。因而我们在社会网络的文献梳理中必然要提及他的有关论述。他的研究被后续的学者引用为经典，并由此引申出一大批中国学者关于社会网络和社会资本的研究。

5. 边燕杰的"强关系"理论

美国明尼苏达大学社会学系边燕杰教授师从林南教授，延续和发展了他关于社会资源理论的观点。边燕杰教授的最大贡献在于检验西方的社会网络理论在中国体制和语境下的适用性，并提出了"强关系假设"。1997 年，他发表在美国社会学评论上的一篇文章《找回强关系》引起了学界的轰动。他通过 1988 年在中国天津对 1088 名居民的一项抽样调查验证了他关于社会关系网络如何影响求职过程的假设（Bian Y. J.，1997）。与格兰诺维特的"弱关系"正好相反，他认为人们在运用社会网络求职时"强关系"发挥了主导作用。这一论断的提出基于以下三个方面的考量。第一，中西方的体制和文化差异为社会网络提供了不同的作用空间。中国在转型时期市场经济还未完全建立的阶段，工作并不是通过自由、公平竞争，而是由中央集权下的等级制工作单位分配而来。同时，在传统儒家思想的影响下，有实权的分配者认为自己有义务为自己的亲戚等强关系提供一份工作。那么，求职者运用其社会网络与具有实权的分配者进行联系，与实权分配者的关系越强，受到分配者"照顾"而找到工作的概率就越大。第二，与格兰诺维特所说弱关系能为求职者提供非冗余信息不同，在中国社会网络为求职者提供的不是信息传递机制而是人情交换机制。如果通过强关系，人情的回报会随着对亲属的义务或是债务被取代。如果通过弱关系，那么人情需要立即交换。人情转让的基础是信任，而强关系也为信任提供了基础。第三，他区分了求职者使用的直接关系和间接关系。求职者与帮助者之间往往建立起一种间接的关系，而他们与中间人都是强关系。间接关系在求职者接触较高级别的实权分配者比直接关系更有效。

边燕杰教授的另一个贡献是对于关系社会学的建构，这是对社会网络、社会资本研究进程的又一发展。关系社会学致力于中国关系文化的国际化和社会网络测量的本土化，意在建构中国独特的关系主义理论体系。他明确指出"伦理本位、关系导向、熟亲信为特征"是中国关系主义的本质（边燕杰，2010）。

中国学者们也纷纷利用社会网络理论开展了一系列深入研究，探讨中国文化和制度背景下社会网络对就业、收入、主观感知等方面的影响。包括社会网络和社会资本的测量，社会网络与职业流动关系研究（边燕杰、张文宏，2001），社会网络资源对职业配置的作用（张文宏，2006），社会网络资本对再就业的影响（赵延东，2003；2006），社会网络的收入效应（张顺、李爱红，2016），社会网络与身心健康（赵延东，

2008)，社会网络与生活满意度（马丹，2015），社会网络与信任（邹宇春等，2017）等。

6. 其他学者的观点

法国社会学家皮埃尔·布迪厄（Pierre Bourdieu）于 1980 年最早提出了社会资本的概念。他通过与经济资本和文化资本相对比，指出社会资本的独特性在于它不可能被社会行动者完全内化。同时，他说明了几种资本之间可以相互转换。一方面，人们通过社会关系网络可以获取更多的经济资源，也可与网络中文化知识层次较高的人进行交流而提高自己的文化资本。另一方面，社会行动者通过与更广泛的他人相联系，其他社会行动者的经济和文化资本又转化为该行动者的社会资本。同时，他将网络的规模和网络中蕴含的社会资源等作为测量社会资本的指标。布迪厄从人际关系网络的角度来定义社会资本，尤其强调社会网络中所蕴含的资源。从这一角度他将社会资本定义为：实际的或潜在的资源集合体，这些资源与持有性的网络占有密不可分，并且为每个会员制的成员提供支持，提供一种为他们赢得声誉的凭证（Bourdieu P.，1986）。因此，他将社会资本理解为一种工具性的、潜在的、没有刻意动员的社会关系网络。

布迪厄率先提出了关系主义中的场域和资本的概念，他将场域定义为各种社会关系连接起来的社会场合或社会领域。场域是各种客观位置的关系网络，位置是社会关系形成的前提。如果说场域是社会之网，那么位置可以被看作网上的结点。他提出社会成员由于在社会关系中占据不同的位置，因而获得不同的社会资源。这些位置的占有者是人或是社会机构，它们受到场域的制约，同时也利用策略来维护和改进现有的地位，并且将等级化强加到他们的商品上。在场域中位置和资本密不可分，人们根据自己占有资本的分量来决定自己在场域中的位置。

詹姆斯·科尔曼（James Coleman）于 1988 年在《美国社会学杂志》上发表了《社会资本创造人力资本》一文，他用宏观和微观相结合的方式对社会资本理论做了系统的论述。使用社会资本这个概念的学者很多，但是鲜有学者详细阐述社会资本理论建构的整体过程。因此，他被认为是从理论上对社会资本进行全面并系统界定的第一人。他详细阐明了社会资本的创造、保持和消亡的持续性过程。这个过程的影响因素包括封闭的关系网络、社会组织和人们按照某种既定利益行动的意识形态和社会行动者需求的满足。值得注意的是，他关于社会资本的理论还有以下几个方面的成就。第一，他的贡献体现在对社会资本的定义上。科尔曼对社会资本的定义体现了社会网络功能性的特征，他认为社会资本体现一种社会网络关系，将社会网络资源作为社会成员的个人财产即为社会资本。他指出在复杂的社会行动系统中社会成员形成各种社会关系网络，通过对关系提供的社会资源进行相互交换而实现自身的利益。正是这种行为形成了社会关系，而这种社会关系又组成了社会结构，又称为社会资源。第二，科尔曼将信息网络、社会规范、义务与期望、权威、信任等作为社会资本的表现形式。社会行动者的人际关系网络为他提供了一种信息的来源渠道，而这些信息为行动者本人的决策和行动提供了重要的依据，比如，他从朋友、亲戚或者同事等聊天过程中得到一些关于就业的信息，这种信息为他就业提供了借鉴和参考意义。正是信任成为他从网络中提取有用信息的基础。个体为他人创造了获取资源的条件并以此期待他人的回报，这种基于义务和互惠的社会互动最终转换成为社会行动者的社会资本。社会行动者为了满足自身的利益需求，向他人转让自己对资源的控制权，单方面对资源的控制和转让形成支配与被支配的权威关系。第三，社会资本具有不可转让和生产性的特点。社会资本只为关系网络内部的人提供帮助，只有那些投资社会资本的社会成员才能增加社会资本，这与人力资本的特点具有一致性。社会资本的生产性特点还在于它一经创造就对关系网络中所有成员潜在有利，个人通过投资和交换实现自己的目标。第四，物质资本、人力资本和社会资本是人生来就有的三种资本。其中物质资本是有形资本，如土地。人力资本和社会资本则是无形的，这三者是可以相互转换的。尽管后来有学者对他的社会资本定义产生了质疑，认为用结果来解释社会现象存在因果倒置的嫌疑，但是他对于社会资本理论的系统阐述以及物质资本、人力资本和社会资本相互转化的研究仍然值得学界肯定。

3.1.2　个人核心网络及其类型

本书的核心目的在于研究社会网络如何影响个体的收入分配公平感。那么在本书中如何界定社会网络，以及使用哪一类型的社会网络进行测量就成为研究的重点。社会网络可以分为整体网（whole network）和个体网（ego network）两大领域。本研究聚焦个体层次的社会网络对于微观收入分配公平感的影响，因而属于个体网的范畴。由于个体在日常生活中与其核心网络（core networks）接触最频繁、情感关系最为亲密，相互依赖的程度高，因此用个人核心网络来测量更具现实意义。个人核心网络主要是指个体关系最亲密的社会成员以及与构成的关系网络，它是人际关系网络中最核心的部分，主要由亲戚、同学、同事和好友等组成。核心网络的功能主要在于提供感情和决策支持，通过与核心网络成员的交流得到情感上的宣泄和满足，对重要事宜的讨论得到决策建议等。另外，核心网络成员还可以为个体提供实质上的帮助，如就业信息的分享以及向用人单位推荐等。

如何测量个人核心网络一直是这一领域重要研究议题，测量的目的在于简洁、高效地了解网络的结构特征。国内外研究主要发展出三个测量手段和六种网络类型。测量的手段主要包括定名法（name generator）、定位法（position generator）和资源法（resource generator）三种。1985年美国综合社会调查中最早运用定名法。它通过询问社会网络成员的姓名，与被访者之间的关系以及社会网络成员的个人信息来描述和测量网络。学者通过基于定名法的"讨论网"展开了丰富研究，国内最早运用定名法研究社会网络的是阮丹青（1990），她据此对天津城市居民的社会网规模、异质性、紧密性进行了描述。张文宏（1999）进一步对天津农村居民的社会网络进行了调查分析，他认为其社会网络具有高趋同性、低异质性和高紧密性的特点。定位法是由林南（1986）先生创立的，这一方法使被访者回答在每一职业位置上是否有交往的成员。定位法不像定名法一样询问具体的人名，而是仅仅获得交往者在网络中的位置。也正是因此，定位法在问卷中不涉及隐私使得被访者的回答率得到了提升。国内最先运用定位法的是边燕杰（2000）教授，他与李煜于 2000 年发表在《清华社会学评论》中的《中国城市家庭的社会网络资本》一文利用定位法测量了被访者的春节拜年网络中是否有所列 20 种职业类型和 12 种单位类型，以此来测量社会网络的结构地位。资源法由加拿大社会学家韦尔曼（Barry Wellman，1981）提出，通过对网络成员资源交换和互助情况的了解，来测量被访者可得到的社会网络资源，形成了"交换网"。后来又演变成为"社会支持网"，主要探究其对个人求职、借贷、安慰方面的作用。

边燕杰对社会网络本土化进程作出了卓越贡献，他结合中国社会的重要情境提出了"春节拜年网络""社交餐饮网络""求职协助网络""创业资源网络"等一系列具有中国特色的个人核心网络的测量方法，对推动社会网络的本土化研究具有积极意义。

第一，春节拜年网。春节作为最重要的中国传统佳节，是社会网络研究的一个极好的切入点。拜年是节日习俗之一，人们通过春节期间走亲访友进行面对面的拜会。这一时期社会交往发生最为频繁，人们通过拜年增进情感，可以看作对个人社会网络的维护，更是一种对社会网络资源的投资。拜年只会产生在两个有较强关系的人之间，这种社会交往活动兼具情感性和工具性的作用。1996 年边燕杰在中国四城市问卷中首次用到春节拜年网，通过询问"春节期间相互拜年的亲属、亲密朋友各有多少人？""他们里面有无从事给定职业的人？""他们有无在给定单位类型工作的人？"来测量网络规模、密度、差异以及顶端等指标，最终得到网络的整体结构特征（边燕杰等，2000）。网络规模指拜年的总人数，规模越大代表着可获得的资源越多。网络密度指亲属在拜年人数中所占比例，网络差异指拜年网所囊括的职业类别，差异越大代表社会资源的类型越多样化。网络顶端指拜年网络中具有最高职业声望得分的成员，网顶越高代表网络蕴含掌握较好社会资源的交往者。另外，网络构成的合理度也是测量的重要指标之一。它代表和社会各阶层的关系纽带，包括领导层、经理层和知识层三个方面。

第二，社交餐饮网。中国社会宴请、聚餐随处可见，它是社交形式的其中之一。餐饮本身并不重要，重要的是它为人们提供了一个日常交流、情感维系、关系强化的有效平台。社交餐饮网指的是通过餐饮形成的社交群体网络（边燕杰等，2012），它的功能在于拓展和维持关系、动员网络资源。餐饮网的两种重要形式是邀请别人和被别人邀请。邀请别人体现了关系资本的动员过程，通过请人吃饭得到被邀请人帮忙办事的机会，以偿还邀请者的人情债。被邀请者则借机维持和扩大了关系网的能力。社交餐饮网以社交餐饮的频率和社交餐饮发展新朋友的状况为指标。问卷中的题器主要为：请人在外就餐的频率、被请在外就餐的频率、陪朋友就餐的频率、餐饮场合是否结识新朋友等。不同于拜年网测量的是网络资源的存量，社交餐饮网展现的是关系网络的动态建构过程。1988 年边燕杰在中国城市消费者调查中首次使用餐饮网，之后餐饮网作为个人重要核心网络之一开始被学者用来进行社会网络分析。比如，城市居民社交餐饮对政治信任的影响（陈云松等，2015），社交餐饮网建构过程中网络动员能力的影响因素（李黎明等，2016）等。

第三，求职协助网。求职是个人生命历程中重要事件之一，它关乎社会经济地位、自我认同、发展前景等生活的方方面面。社会网络在提供社会资源的角度上对人们求职有着重要作用。求职协助网就是为了达成求职的目的而寻找亲友或相识的帮助，为社会成员提供求职信息或实质性的帮助而形成的网络，简称求职网。与拜年网、餐饮网等社会网络不同，一方面，它揭示了社会成员为了求职目标行动而产生的资源动员过程。另一方面，它受到社会制度、体制背景等宏观因素的影响，因而显得更加复杂。求职网的测量维度包括是否使用网络、网络规模、网络关系强度类型和网络关系资源类型等，它们直接反映了行动者的关系动员能力。学者们自 20 世纪 70 年代以来就开始了求职网的研究，并且这一议题一直是中外社会网络研究的核心领域。与此相关的著名理论观点包括，格兰诺维特的弱关系假设、林南的社会资本理论、伯特的结构洞假设和边燕杰的强关系假设。国内学者对于求职网的研究也已形成丰富的成果，包括市场经济和再分配经济体制共存下社会网络对职业流动的作用（边燕杰等，2001），对求职过程的宏观和微观分析（梁玉成，2012），关系强度和关系资源对入职收入的效应（边燕杰等，2012）等。

第四，创业资源网。不同于社会网络与求职的研究，社会网络对于创业的作用往往被研究者所忽视。随着市场化进程的推进，给了自雇佣者（个体户）和雇主更多体制外工作的机会。目前，这一群体已成为市场经济不可分割的一个重要组成部分。创业资源网简称创业网，主要探讨自雇佣者和雇主利用社会网络资源进行创业的过程。主要从自雇佣者筹集注册资金的渠道以及首笔生意获得帮助的情况来了解其社会网络发挥作用的状况。另外，问卷中创业网版块也询问了帮助人的基本信息，包括单位类型和职务级别、提供帮助的类型、与帮助人之间的关系等。与求职协助网类似的是，创业资源网也可以看作自雇佣者和雇主利用工具性社会网络求职的过程。通过对创业初期资源获取的测量，来判断创业者的网络动员能力。学者对这一领域的研究并不多，主要集中在如何测量企业社会资本、企业社会资本的功效（边燕杰、丘海雄，2000），自雇和受雇群体社会资本差异的比较研究（邹宇春、敖丹，2011），社会网络对自雇群体的效用（王文彬、赵延东，2012）等方面。

3.1.3　职场社会网络

以往研究发现，人们在网络成员中寻求的社会支持具有情境特殊性，社会成员通过社会互动来拓展社会系实际上是营造情境进行资源交换的过程（何雪松，2005）。我们从以上个人核心网络的测量类型可以看出，每一种社会网络都对应着一种社会情境，如拜年、餐饮、求职和创业等。社会网络的分类遵从一定的情境化模式，不同情境对于社会网络的建构过程也存在差异。比如，拜年网着重对网络的维续和强化，餐饮网主要体现社会网络资源的动员等。但是，还有一种情境往往被研究忽视，那就是职场。与拜年网、餐饮网等核心网络不同的是职场网络依托于工作和岗位而建立，专业化影响会更大，而基于自我选择的个人化和工具性会较小（刘伟峰等，2016）。随着社会空间的不断分化，人们的生活场所产生分离，逐渐延伸出家庭场域、职业场域、学校场域等有着不同社会情境的生活空间。其中，作为建立业缘关系的主要场所，职场成为发展社会网络关系的重要源泉（边燕杰，2004）。作为一名职场人士，一天的大部分时间都在职场中度过，职场成为他们主要的社交场所。同时，职场也成为他们建构社会网络的主要阵地，人们通过职场中的相互交往产生信息的传递和资源的交换。职场社会网络一经形成对于个体有着十分重要的意义，它关系到绩效、晋升、满意度以及个人职业生涯规划等方面，同时也影响公司的日常管理和发展前景。虽然以往有学者已经关注到了它的重要性，但是主要集中在组织管理领域，关注职业交往、职场网络对于个人和公司的客观作用。然而，已有研究却忽视了社会网络对于员工主观感受的建构，它对于企业管理的有效性以及企业的有序运行有着重要的影响。因此，本研究从职场网络出发来研究个体的收入分配公平感，通过职场个体社会网络建构对公平感的形塑来了解其形成的机制，以期对公平感的提升和企业的发展提供相应的对策建议。

本研究从社会网络的视角来研究微观分配公平感，我们选择的情境是职场，利用职场网络来研究社会成员对收入分配公平的感知。那么，为什么不是选用拜年网、求职网等其他核心网络类型呢？本研究认为有以下三点原因。

第一，职场是收入及其公平感知产生的直接场域。分配公平感的形成与个体所处的场域相关联，包括家庭场域、职业场域等。总体来看，由社会网络与资本的视角研究分配公平感虽然日益受到重视，但是相关研究成果却仍然为数甚少，并且主要集中在职场之外的社会网络，侧重基于朋友、亲属等关系的个人社交网络的测量（李黎明等，2017）。然而，这些个体社交网络并不是影响收入及其感知的直接来源，从这些网络出发研究分配公平感可能存在解释机制的"黑箱"。求职网虽然也涉及收入，但主要是对入职收入的影响，与目前的职业收入公平感缺乏时间上的对应关系。由于职场是个体收入来源的主要场域，也是影响收入公平判断最重要的情境。因此，比从其他场域对收入公平感进行研究更为直接，也更具有现实意义。

第二，职场网络与收入感知的关联性更强。行动者通过与职场中同事的不断互动和交往，产生社会资源的交换和比较，从而影响其对收入公平的判断。由于职场交往的社会网络依托于岗位和职业的需求，与职业收入感知的关联性更强。尤其职场中与上级领导的交往值得仔细探究，因为上级领导代表着一种权威资源，如人事任免决策、员工晋升、绩效奖励等。因此，与职场上级互动所承载的关系资源的合法性会直接带来对分配体系及自身收入公平与否的判断。因此，研究收入分配公平感的一个重要维度，就是关注由职场互动带来的社会网络的作用，然而已有研究却较少关注这一问题。

第三，职场网络收入效应的进一步延伸。运用社会网络对主观变量的研究大量存在，例如，社会网络对信任的影响（邹宇春、赵延东，2017），社会网络对生活满意度的影响（马丹，2015）等，但对于分配公平感的研究寥寥无几。事实上，学界已经普遍认识到职场社会网络对收入不平等的作用，但主要存在于对客观收入的解释，很少拓展到收入主观感受的层次。尽管已有研究认为职场交往形成的职场网络可以有效提升城市居民的个人收入（刘伟峰等，2016），证明了职场网络与个体资源获取之间正向效应的存在，但是这种效应能否推及对个体的收入分配公平感的解释，仍是一个值得进一步探索的问题。

3.2 职场交往及其社会功能

3.1 节我们梳理了社会网络理论以及个人核心网络的类型，最终确定职场作为研究分配公平感的场域。通过阐述职场社会网络对于研究微观分配公平感的意义所在，我们明确了为什么从职场网络展开研究。本章节我们开始探讨职场网络如何影响分配公平感，首先我们从职场网络的建构过程来看职场社会网络的特点和功能。

3.2.1　职场"金字塔"结构：位置与资源

职场是职业场域的简称，狭义的定义是人们工作的环境和场所，广义的职场范围更加宽，它还包括其中的人际交往和各类职业活动等。职场就像是一个社会的缩影，它具有与宏观社会类似的结构。林南（1982）将社会结构看作一个等级制的金字塔，由位置、权威、规则和代理人四个部分组成（Sewell W. F. ，1992）。他的社会资本理论的建构中始终贯穿着一系列理论假设，其中结构假设体现了社会成员的位置结构和资源占有特征。第一，金字塔由不同的位置构成，这些位置对应着相应的权力等级。从下到上位置的权力等级越来越高，位置越高占据者的数量就越少。占有高位的社会成员可以向低位置的成员行使一定权力，并具有重新分配资源和权力的优势。这些位置包括三个维度，即社会地位、经济地位和政治地位。社会地位高则拥有较好的名声或名誉，经济地位高则拥有更多财富，政治地位高指有更大权力（林南，2005）。第二，等级结构的位置越高，占有的结构资源就越好。有价值的资源（包括政治资源、经济资源和社会资源）镶嵌在金字塔的社会结构中，并且资源分布是不均衡的。主要体现在金字塔的层级越高，有价值的资源聚集越多，权威的控制力越强。另外，这些资源附着在位置上，并不随占有者的改变而发生变化。

职场结构的位置和资源分布与社会的纵向结构有着相似之处，与社会结构的四要素（位置、权威、规则和代理人）相对应的是职位、权力、公司规章制度和职员。社会结构中的位置在职场中特指职位，职位从下到上职级越来越高，职员人数越来越少，权力越来越大。附着的信息和资源也随职位的升高而越来越全面。职场中的职位是事先设定的不随着人事变动而发生变化。职场的上级对下级有人事任免的权力，按照规定对职员进行聘用、晋升、降级以及解雇等人事安排。职场上级获得信息的渠道更广，掌握公司的全部信息和资源，并且可以将它们重新分配给下级职员。职场上级可以制定、修改并完善公司的制度和章程，并且命令下级服从，通过对下级的制度约束来体现职场上级的权力。职场权力和资源挂钩，权力可以给职场员工带来更多的资源，从而帮助增加其财富、人脉和社会地位。为了更加清楚地阐明职场中位置与资源的关系，我们模拟一个简单的公司职位等级。例如，一个公司由董事会主席、高管、中层、一线员工四种职级构成，每一种职级中又分为平行的不同职位（例如：高管分人事主管、薪酬主管、绩效主管等）。董事会主席统揽全局，实现对整个公司的管理，高管对中层和一线员工进行管理，向上汇报公司情况，向下执行公司的决策、发布有关公司信息。中层管理公司具体的生产运行，实现对一线员工的管理。职位从上到下人数越来越多，在人数上构成了职场"金字塔"结构。其中，一线员工的人数最多，董事会主席人数最少。权力从上至下越来越小，董事会主席掌握了公司全部的人事决策权，一线员工只有听从上级领导的被决策权。职场资源和信息也由岗位由高到低越来越少。一线员工只拥有与本职相关的生产劳动信息，而董事会主席掌握公司全部的信息和资源，并且在各个职位上进行资源的调配。

综上所述，职场的位置和资源分布有以下特点：第一，职场有和社会结构类似的纵向等级制，职位是主要的等级划分依据。第二，职位高低和人数成反比，职位越高人数越少，反之人数越多。第三，职场资源镶嵌在职位中，资源和权力由他们在职场上的纵向位置决定，职位越高资源越好、权力越大。也就是说权力和资源都掌握在职场金字塔顶端的少数人手里。

3.2.2 职场交往类型与社会网络建构

职场交往指作为职业群体中的一员，与其他成员建立起的职场互动关系。职场交往对象的职业化倾向更强，因而比拜年网、餐饮网等个人社交网络的作用更加特殊。以往研究中学者们依据不同划分依据对职业交往的类型进行了划分。最早将职场交往分类的是边燕杰和洛根（1996），他们按照国家市场的二元角度，将职场交往分为组织内权力关系交往和非权力交往、组织外市场关联交往三类，遗憾的是他们并未将其做量化分析。边燕杰（1994）利用1999年五个城市数据最早对职场交往进行了量化研究，他从交往对象的特征出发将职业交往分为两大类：一种是科层关联度，主要包括与工作领域内以及跨机构的上级、下级、平级同事交往。科层关联度和交往频繁程度成正比，即交往越多科层关联度越高。另一种是市场关联度，主要包括与公司外部的客户、服务对象的交往等。与外部市场交往的越频繁市场关联度越高。这两种职场交往类型都是职场社会网络建构的业缘基础。郝明松和边燕杰（2014）进一步根据交往对象的区别，将职场交往划分为外联交往、内联交往和桥联交往。其中，外联交往指与单位外部的个体进行的交往，内联交往指与单位内部同事、领导等的交往。桥联交往指的是跨单位的交往，主要是与其他单位的领导、负责人交往。他们将这三种交往类型具体操作化为：与本单位上级、平级、下级打交道的频率，与外单位的顾客、客户等打交道的频率，与其他单位领导、负责人等打交道的频率。刘伟峰（2016）等改进了上述分类方法，认为外联交往实际上只是工作特征的差异，因而去掉了外联交往这种类型，按交往的范围将职场交往分为内部交往和外部交往两种类型，分别对应上述所说的内联交往和桥联交往。

可以看出，以往研究无论以哪一种依据分类，都将工作单位领域以内和以外分离开。虽然无论工作领域内外都是与工作相关的交往，但是将二者区分开有着深层次的理论依据。事实上，工作领域内外的交往并不是表面上交往范围内外的区别，而是代表所建构社会网络以及可以获取资源的差异。工作领域内部交往都是同职业的人交往，他们社会网络的同质性更强，能给个体提供良好的单位组织资源，包括工资制度、任免资格和职位信息等。工作领域外部的交往可能有两种群体，即同职业不同单位和不同职业不同单位。他们交往的异质性更强，在提供非重复信息上作用更大（边燕杰、丘海雄，2000），容易形成结构洞及跨越结构洞的连接（郝明松、边燕杰，2014）。也就是说，由于职业交往的类型不同，由此建构的社会网络资源也存在差异性。

职场交往对于职场社会网络的建构具有重要作用。阮丹青等（1990）

最早探讨职场交往和社会网络建构的关系，认为中国基于单位制的职场网络与美国社会相比要重要的多。边燕杰（2004）最早利用实证数据分析和证实了职场交往在建构城市居民社会网络方面的重要作用。工作场所是建构职场社会网络的重要源泉，其中职场交往是网络建构的基础。职场交往的过程实际上就是社会网络资源的累积、动员和使用的过程，人们通过在职场中与其他同事的不断互动、交往建构出自身的职场社会网络。然而，职场社会网络也会因为交往对象的资源性质和数量、交往的成本等因素有所不同，正是这些因素也决定了职场网络建构的过程和结果。已有研究倾向于将职业交往操作化为职业交往的频繁程度，它反映了网络成员从职业网络中获取网络资源的可能性（边燕杰，2004）。边燕杰（2004）认为职业的科层关联度和市场关联度是建构职场网络的主要因素，二者的关联度越高则社会网络资源的质量就越好。具体表现为，科层关联度和市场关联度越高，社会网络资源的含量越高，网络优势就越大（网顶高、网差大）。郝明松和边燕杰在 2014 年的研究中发现职场中的外联交往、内联交往和桥联交往均有利于职场网络的建构。交往程度越强，网络资源的存量就越大，职场社会网络的建构才更成为可能。即职场交往有形塑社会网络资源的作用，交往越频繁，就越容易获取网络资源。刘伟峰（2016）等则区分了内部交往和外部交往的功能，认为内部交往容易建立起同质性网络，外部交往容易建立异质性网络。

从以上梳理我们可以总结出，以往研究无论将职场交往分为哪几种类型，都无一例外对社会网络有着建构作用。这种建构作用体现在职场交往越频繁，网络中资源数量越多，网络越具有优势。研究中对职业交往有多重分类方法，不外乎职场内部交往和外部交往。由于职业交往类型的差异性，对于网络资源的获取也有区别。值得注意的是，本研究只关注职场内部的交往，即与单位内部的上级、平级和下级的交往。主要有以下两个原因：一是职场内部是收入产生的直接场域，用它来研究对收入公平感的影响，对应关系更加明确。二是职场外部交往包含的类型比职场内部更为复杂。它不像职场内部交往都是同单位同职业的人，外部交往则包含不同单位同职业和不同单位不同职业的人。因此，职场外部交往会比职场内部交往的逻辑更加复杂，如不能分清它们的差异则很可能出现笼统化的错误。另外，不同于以往研究将上级、平级和下级交往相加总，把职场内部交往视为一个整体来研究（边燕杰，2004；刘伟峰等，2016）。本研究认为仅仅职场内部交往来说，不同的交往类型对于收入公平判断的影响有不同运作逻辑，职位高低和权力等级对于交往资源获取是不同的。因此我们将三种交往类型分开研究，探讨它们各自的特殊性。

3.2.3　职场交往与地位获得

我们在了解了职场交往类型和对网络的建构作用后，会进一步思考职场交往的动机是什么？或者说职场个体为什么要进行交往？林南在其行动假设命题中给出了清晰的解释，即行动者的动机有两种：保护既有资源和获得额外资源。保护既有资源的行动被称为表达性行动，获得额外资源的行动称为工具性行动。表达性行动是为了得到情感上的支持，得到同情或共鸣。工具性行动的目的是获取更多的资源，从而达到自己的意图。从这个角度来说，职场交往是增进目的性行动来获取社会网络资源以及维持现有地位的沟通行动。通过职场交往保护和维持现有的职位，同时获取网络资源带来实质性的益处，比如晋升和加薪等，在职场金字塔结构中争取向上攀爬。

那么，职场交往究竟能给个体带来什么好处呢？既有研究从劳动力市场的个体地位获得角度给了一系列答案。组织管理领域对这一问题有诸多探讨，主要集中在领导和员工的关系层面，利用领导—员工交换理论来探讨上下级互动和职业成功的关系。从领导的角度来看，员工与他的关系类似费孝通（1944）所说的差序格局，因此员工职业生涯受到与领导关系远近的影响，领导只会对与自己关系近的员工"施加援手"。从员工的角度来看，与领导增进关系和密切互动，希望得到领导工作关系以外的帮助、建议和指导，最终有效地获得职业成功。既有研究认为良好的领导员工互动关系可以使员工得到额外的照顾，给他提供有利的职业信息，或提供实质性的帮助使其获得职业成功。具体表现在薪酬水平的提升、职位晋升、工作满意度、职业规划等方面。韩翼和杨百寅（2012）认为徒弟的政治技能对于师徒关系起正向作用，它通过师徒关系对主、客观职业成功产生影响。职业成功分为客观和主观两个方面。客观的职业成功包括晋升、薪酬等指标，主观职业成功包括职业满意度、程序公平等。刘军等（2008）认为员工的升迁、任用等重要权力都由领导掌握，因此发展出良好的职业关系是影响个人职业发展的因素之一，能够对员工的职业发展机会和晋升有重要影响。李艳萍（2011）认为领导在进行向下资源分配时，首先考虑的问题就是与对方的关系，领导和员工的交换关系会提升员工的心理授权，从而提高员工的职业产出，更容易使员工达到职业成功。

社会网络与地位获得的关系一直是社会网络领域的主流研究，学者们对于社会网络的地位获得作用早已证实。主要集中在对求职过程、职业流动和社会政治地位获得功能的实证研究，比如，社会网络可以增强人职匹配（肖阳、边燕杰，2019），实现职业流动，帮助农民工就业，融入城市生活（王汉生、陈智霞，1998），为下岗职工提供经济支持，提升劳动者收入等。基于职场交往的社会网络的作用研究却寥寥无几，但是既有研究证实了职场交往与餐饮、拜年等社交网络一样对个人的地位获得具有正向作用。边燕杰（2004）认为科层关联度和市场关联度越高，劳动者的社会资本就越强。而这种社会资本对于主观和客观经济地位的提升具有显著作用。也就是说职场交往带来的社会资本能够提高个人收入以及自我地位的评估。刘伟峰等（2016）使用一阶差分的方法对内部交往和外部交往与收入的关系进行了验证，结果发现二者均有提升劳动者收入的作用。

如上所述，关于职场交往及其社会网络的作用研究主要集中在客观层次，即劳动者的地位获得，包括收入的提升以及客观经济地位的提升。但是这方面的研究还比较少，需要进一步探索职场交往的其他功能。我们进一步思考这种职场交往带来客观上的收入提升是否能够延伸到主观领域，即对于收入分配公平感的影响。它对于主观分配公平感是延续了客观的支持作用，还是另有其他的路径。基于此，下一节我们探讨职场交往与主观收入分配公平感之间的关系及可能的解释机制。

3.3　职场交往、职场网络效应与分配公平感

以上对于职场交往的社会功能进行了深入了解，可以说职场交往对于社会网络的建构以及个人的地位获得具有积极的意义。行动者身处职场交往建构的社会网络，不仅是对客观劳动力市场结果的影响过程，也是对个体主观意识的形塑过程。尤其是人们对于自身收入的感知和评判也在职场交往这一过程中得以实现。交往行动对于公平感知的意义在于它可能影响甚至左右人们的主观感受，通过与同事的交往产生对于收入合理性的不同看法，从而实现对于个体主观公平感的形塑。那么，职场交往是否能够提升个体的分配公平感，它又是通过哪些中间机制来实现的，社会网络在这一影响中起到了怎样的作用。也就是说，职业场域中同事间的交往这一微观行为构建起了职场社会网络，是否又会反过来影响人们对于自身收入分配公平的评判？值得一提的是，第一，人们对于公平认知是一个复杂的心理过程，只探究职场交往与公平感的关系远远不够，并不足以解这一复杂过程的全貌。因为，不同个体与同一个职场对象进行交往对于公平的感知也可能有所不同，即便是个体对于公平评判为合理或不合理，也有可能源于不同的心理解释，这是由于职场交往后的心理过程千差万别导致。那么，在职业场域和情境下探讨不同的心理评判模式显得尤为重要，它可以还原人们公平感的形成过程，对于职场交往的影响也延伸出多种解释路径。第二，职场交往对于公平感的形塑过程与职场社会网络的影响效应息息相关。既然职场交往构建起了个人的职业社交圈，那么社会网络的效应也会影响到人们对于自身公平的评判。我们想知道的是，社会网络在这一过程中起到了怎样的作用？也就是说，职场交往怎样通过社会网络来影响分配公平感知，这一路径有多少种可能性。以下我们从职场社会网络的效应进行分析，以期对于职

场交往影响公平感的中间机制进行探讨。我们对于不同社会网络效应的研究过程可能是打开公平感形成"黑箱"的一个重要环节，它对于人们在职场交往后的客观结果和主观心理的综合过程进行还原，实现对于职场个体公平感形成的可能解释。

职场交往可能带来行动者资源的获得、职场中位置的改变以及客观收入的变化，个体在面临这些变化的同时对于收入公平的认知也发生着改变。关键问题在于，经过了职场交往的社会行动之后，人们得到了什么、改变了什么、对于社会态度如何建构。如果将职场个体及其互动行为置于职场网络中，我们便可以得到一系列可能的解释。既有社会网络研究提供了三种可能的路径，即社会网络的支持效应、表达效应和比较效应。社会网络的支持效应侧重于将职场交往看作个体获取社会网络资源的工具手段。社会网络的表达效应则更加注重职场交往所带来的情绪价值。社会网络的比较效应将职场交往作为个体与同事局部比较的依据。以上三种理论提供了职场个体分配公平感形成的不同理论逻辑，我们对这三种路径加以详细叙述。

3.3.1 职场交往、职场网络的支持效应与分配公平感

职场交往影响个体分配公平感的一个重要过程是社会网络的支持作用。职场交往伴随着网络资源的传递和获取，引起个体职场中地位和利益的变化，从而对人们的社会态度和行为产生影响。

事实上，学者们对于社会支持的研究由来已久，社会支持是社会网络研究的一项重要领域，研究认为人们日常生活中得到的社会支持来源于他的社会网络。个人从自己的人际关系网络获得物质援助、情绪支持、信息传达和压力缓解等，使得个人的物质生活得到提升，精神层面更加积极。社会网络可以给予个人的支持包括工具性支持和情感性支持两种，工具性的支持指运用人际关系网络而达到自己的现实目的。情感性支持指行动者可以通过社会网络成员肯定自我价值、分享生活感受、发泄不满情绪，从而得到心理安慰。个人社会网络的差异同时也决定了与他人

所获支持的数量和质量的区别。既有研究主要集中在两个方面。第一，社会网络对于弱势群体的支持作用。比如，对于农民工、下岗群体、吸毒人员的经济支持和精神支持。第二，社会网络对心理感知的影响。肯定了社会网络对于人们的心理健康、幸福感、生活满意度、人际信任等正向的影响。在本研究中社会网络的支持效应与上述研究相似，但主要区别在于本研究的支持效应特指工具性支持，即个体与职场中同事交往带来的实际利益的改变。

本研究认为社会网络指的是一种个人的网络结构，而社会支持则是网络给个体带来的正面功能。二者并不是直接联系起来的，社会互动和交往充当了它们的连结点。特别的，正是由于职场社会交往使得个人从自己的同事中得到实际的支持，使得社会网络作为一种功能性的支持网络成为可能。由于职场是职业收入产生的直接场域，因此职场中同事间的支持作用比亲戚和朋友对于职场资源获取和收入的提升显得更为有效。我们需要探讨的是，微观的职场互动行为建构起的社会网络对于个体的支持作用是否能延伸到个体对于公平的认知，这种客观的支持能否同时带来主观认知的一致性。

3.3.2　职场交往、职场网络的表达效应与分配公平感

以上从社会网络的工具性支持方面论述了职场交往可能影响个体分配公平认知的一条路径。考虑到社会网络能够为人们不仅提供工具性的帮助还可以提供情感上的依托，我们提出职场交往可能影响分配公平感的另一条路径，即社会网络的表达性效应。不同于客观层面的地位获得和收入提升，这一效应是从个体的主观层面来建构的。本研究认为与职场同事交往可以为行动者提供一种情绪价值，这种情绪价值可以改变个体对自身地位的评估，从而影响个人的社会态度和认知。值得注意的是，作为理性人的职场个体虽然也会因为客观利益的改变而影响其社会态度，主观上的感知带来的影响可能由于其不确定性以及测量的难度往往被研究所忽略，但是有研究表明它可能带来的影响比客观社会地位的改变更

重要。

事实上，林南先生（2005）早在其《社会资本—关于社会结构与行动的理论》一书中阐述了社会网络具有的表达性效应及其内涵。他认为人们社会交往的动机除了实现资源获取的目的之外，还有可能寻找情感上的支持。行动者对于交往的对象是有期待的，期望获得对方情感上的认可、同情、共鸣、欣赏等。最终希望对方同意行动者对其资源的需求，同时借以维持既有资源。他从社会互动的功能和目的出发，从行动者的角度探讨了互动、情感和资源间的结构关系。另外，他认为行动者为了保护自己的资源只有在相似的等级制结构中寻求情感支持，尤其是与在这一结构中处于优势地位的人互动，可以给行动者带来机会。

这一理论给本研究的启发在于，我们可以将上述等级制结构比拟为职业场域中的职级结构，将社会互动具体为职场交往，将表达性效应作为职场交往的功能之一。因而，可以说在职业等级结构中与同事之间的交往会带来社会网络的表达性效应，使得行动者受到同事对于他的认同和欣赏以及共鸣，致使行动者对自身在职场中的价值产生判断，最终影响他对于收入分配公平的判断。这种行动者对自身价值的判断并不一定与现实中的客观价值和地位相符，二者往往不一致，尤其是人们接受来自职场同事的认同和赞赏容易对自身产生信心和高估，但在一定程度上可能形塑职场个体对于分配体系的主观态度和认可程度。

了解了职场交往会给个体带来社会网络的表达效应，那么二者的具体关系是什么？林南认为交往双方的关系越强，行动者获取的网络资源越有利于表达性行动的成功，这是其强关系强度命题的主要思想。据此我们肯定了职场交往的频繁程度对于社会网络表达性效应的正向影响，而表达性效应作为职场交往和公平感知中间机制值得我们进一步探索其作用关系。

3.3.3 职场交往、职场网络的比较效应与分配公平感

职场交往影响分配公平感的主观机制并不仅仅来源于社会网络的表

达效应，它还有可能源于网络成员间的相互比较。如果我们具体到职业场域，将职场网络作为个体交往和比较的主要情境，那么个体与同事间的比较成为公平感的形成依据。职场交往为同事间的相互比较提供了可能，人们在交流、交换、资源传递过程中形成对比较结果的判断。通过交往的过程了解到他人的收入、职位等，据此与自身的情况相对比。社会网络的比较效应为职场交往影响分配公平感提供了另一条重要心理机制，它将社会互动、主观感知和公平判断三者有机结合，还原了职业场域中同事间互动和比较的动态过程。

事实上，美国心理学家亚当斯早在1965年《社会交换中的不公平》一书中将局部比较因素作为分配公平感知的重要影响机制，阐述了人们如何通过比较来判断自己的收入是否公平（Adams J. S.，1966）。学者们（王甫勤，2010；马磊等，2010；孙薇薇等，2018；王元腾，2019）也纷纷按照这个理论逻辑，对于分配公平感形成的参照比较过程进行了深入的研究。认为局部比较后的相对剥夺感是收入分配不公平感产生的主要来源，反之，比较后的优势地位会令个体加强对分配公平的感知。人们的参照对象主要源于与自己过往经历的纵向参照和与他人比较进行的横向参照。"与谁参照"和"如何参照"的问题一直是这一领域的难题，尤其是与他人的横向参照中缺乏将参照对象细化，有研究将泛泛的他人作为比较对象。但是本研究认为这种泛泛他者并不能作为比较的依据，因为社会比较参照是建立在社会互动和交往之上的，试想我们并不会跟一个陌生人进行比较，这种与他人的比较一定是存在于自己日常的交往圈之中。因此，我们认为在个体的核心社会网络中与亲戚、朋友同时间的局部比较才是参照对象的来源。

鉴于此，本研究与以往局部比较理论对于公平感的解释有不同之处。第一，本研究将这一比较效应放在中观的社会网络中。研究将收入直接来源的职业场域作为情境，并且把职场交往作为这一比较效应的来源。探讨职场交往能够给个体带来什么，职场交往过程对于个体与同事间的比较心理有何影响，以及比较的结果又是怎样形塑个体的分配公平感知的。第二，职场中金字塔型的等级结构使得职位越往上附着的权力和资源越丰富，这为同事间的竞争和比较提供了可能。职场网络中的比较优劣势也会在不同程度上形塑行动者的社会态度和公平感知。

3.4　本章小结

　　鉴于第 2 章中既有分配公平感的机制研究存在尚未关注之处，我们在本章提出本研究的主旨，用一种新的研究视角来重新解释公众分配公平感的形成，即社会网络的视角。重点分析职场交往过程中所蕴含的社会网络是如何影响人们的分配公平感知程度。除此之外，从社会网络的特性角度出发阐述了以社会网络视角研究公平感的原因所在。研究提出这种中观的社会网络视角可以将宏观和微观因素连接起来，注重个体的互动过程，为公平感的产生赋予了现实的情境。以此视角来研究微观公平感的形成具有重要的现实意义和理论意义，为分配公平感的机制研究找到了另一个突破口。

　　为更好地明确社会网络对公平感的影响机制，我们首先对社会网络的理论、类型等知识进行了总结性回顾，尤其是对社会网络理论的渊源和发展、个人核心网络的类型进行了介绍。由于职场是收入及公平感产生的直接场域、职场社会网络与收入感知的关联性更强，我们选择职场作为研究的主要场域，将职场社会网络作为研究公平感的主要网络类型。职场交往作为职场社会网络形成和获取的重要形式，成为研究的主要关注点。在 3.2 节中我们阐述了职场交往及其社会功能，通过对职场金字塔结构的论述，我们进一步明确了职场交往如何建构职场社会网络的过程，以及如何进一步影响个体的地位获得。从社会网络到职场社会网络再到职场交往，每一步都体现了研究的不断聚焦和递进的过程，更好地明确了研究的重点和意义所在。

　　既然已经明确了职场交往对于社会网络和地位获得的作用，那么职场交往及其所建构的职场社会网络是如何影响收入分配公平感的呢？这是我们下一步亟待解决的问题，也是本研究的主要目的所在。3.3 节中我们从职业场域中的社会网络效应出发探讨了职场交往可能影响分配公平感的多种解释路径，包括社会网络的支持效应、表达效应和比较效应三个方面。以期在中观的社会网络层面挖掘职业交往影响分配公平感的主要机制，还原职场中个体分配公平感形成的动态过程。

职场交往与收入分配公平感研究：基于社会网络的视角

第4章

研究设计

本研究以职场交往与分配公平感的关系为理论问题导向，利用调查数据进行实证研究，从而验证文章中的各个理论假设是否成立。在本章中我们详细介绍数据的来源、变量的操作化以及统计模型的建构等研究环节。

4.1 数据来源

本研究使用的数据为 2014 年"社会网络与职业经历"调查（JSNET2014）①。该调查由西安交通大学实证社会科学研究所边燕杰教授主持，是 JSNET2009 的二期追踪调查。选择由北到南的八个城市进行问卷调查，分别是长春、天津、济南、兰州、西安、上海、厦门和广州。该调查具有严格的抽样过程，保证抽取样本的代表性以及数据的权威性和有效性。主要采用多阶段系统抽样法（PPS）与地图法相结合的方式，并利用计算机辅助调查技术（CAPI）。具体来讲，抽样过程分三个步骤：首先，在全国抽样框中抽取足够的社区样本。全国范围内共抽取了 175 个社区，其中长春 19 个、天津 27 个、济南 16 个、兰州 21 个、西安 27 个、上海 26 个、厦门 19 个、广州 20 个。其次，在社区内部采用地图法，在每个社区内随机抽取 30 户。最后，入户后随机抽取一位 18 ~ 69 岁，有过

---

① JSNET2014 问卷的相关内容详见附录 B。

非农职业经历的居民作为调查对象，根据电脑系统提示进行面访。最终共收集有效问卷长春 599 份，天津 813 份、济南 601 份、兰州 666 份、西安 809 份、上海 810 份、厦门 600 份、广州 582 份。八城市共计有效样本为 5480 份。

问卷分为个人及家庭基本信息、雇主和自雇部分、求职过程、社会交往、子女教育与社会态度五部分。重点涉及求职过程和社会网络，这也是调查的特色所在。选用此数据作为研究的唯一数据，有以下几方面考虑：第一，数据为全国范围数据，具有代表性。第二，社会网络的测量比较详细，指标丰富且成熟。问卷涉及的网络包括春节拜年网、日常工作网、社交餐饮网、求职网等。根据研究需要，我们重点选取了日常工作网测量工作场域的社会网络构成。第三，研究的主要因变量收入分配公平感在社会态度模块有详细测量。对于公平感知有三种测量：宏观层面的社会分配公平感、微观层面的相对收入分配公平感和绝对收入分配公平感。为了与个体微观社会网络相对应，我们选取了微观层面的相对收入公平感作为本书的唯一因变量。另外，相关重要变量包括收入等均有不同维度的测量。

由于本研究只关注受雇群体的收入分配公平感，因而去掉了自雇、雇主和从未就业的样本。受雇模块含有 a、b、c 三个部分，分别对应仅有一份工作、有两份工作和有三份工作及以上的从业者，我们根据研究需要将三部分样本加总。考虑到与现在的收入分配公平感对应，我们只测量从业者最后一份职业（现职）的各项指标。我们剔除了收入、职业等关键变量缺失。根据不同模型的变量差异，样本量会有小幅度变化。

4.2 变量测量

4.2.1 收入分配公平感的测量

分配公平感指的是人们对收入分配结果的感知程度，以往研究将其进一步划分为基于社会层面的宏观分配公平感和基于个体层面的微观分配公平感（Brickman P.，1981）。根据研究需要我们选取微观分配公平感作为因变量，微观分配公平感是个体对自身收入分配结果公平与否做出的主观评价。与以往研究利用基尼系数等客观评估法不同，我们采用主观评估法来估计个体公平感知。这一方法通过直接询问被访者对自身收入的感知来了解其主观判断。主观评估法有以下三点优势：第一，通过询问个体的主观感受来测量公平感知更能直接反映被访者的态度。第二，由于实际收入分配的结果公平与否和主观感知是不能画等号，将分配公平感量化为主观态度使测量更为准确。第三，现实中可能造成社会冲突的是主观公平感而不是客观公平程度，因此了解个体对收入的主观评估更具现实意义。

JSNET2014 数据中关于分配公平感知的主观评估的题器有三种。第一种是宏观社会分配公平感。题目是"总的来说，您认为当今的社会是否公平？"，主要测量的是被访者对社会整体公平程度的认知。第二种是微观相对收入分配公平感。题目是"与您的同事相比，您认为您的收入是否公平？"，主要测量的是与同事相比个体对自身收入分配公平与否的感知。第三种是微观绝对收入分配公平感。题目是"从全社会的角度而言，您认为您的收入是否公平？"，对收入公平与否的判断是将个体置于宏观社会中来进行比较的。

鉴于本研究的目的，我们选用第二种测量。即将微观相对收入分配公平感作为因变量。我们将被访者的五种回答，完全不公平、比较不公平、居中、比较公平和完全公平处理为序次变量，并依次赋值 1~5。

4.2.2 职场交往的测量

本研究以职场交往作为核心自变量，具体采用被访者现职的最后一个职位与单位内部同事打交道的情况来测量。JSNET2014 问卷中详细询问了被访者工作最开始的职位和最后的职位的劳动特征，其中包括与顾客或服务对象打交道，与客户打交道，接待各种来客，与上级领导打交道、与下级同事打交道、与平级同事打交道、与上级部门或单位打交道、与下级部门或单位打交道、与其他单位打交道等。由于本研究仅仅聚焦于单位内部交往，因而根据研究目的只选取被访者与在单位内部的三种交往类型作为主要自变量，即与上级领导打交道的频率、与平级同事打交道的频率和与下级同事打交道的频率。备选项依照频率从低到高为从不、偶尔、有时和经常四个测度，我们将其依次赋值为 1~4，数值越低代表被访者与他人打交道的频率越低。我们将上级、平级和下级的交往频率相加得到职场交往的总体状况，形成一个取值 3~12 的连续变量。同时也将上级、平级和下级交往作为单独的变量来测量，以期将职场交往的不同类型对公平感的影响作全面、深入探讨。

4.2.3　中介变量的测量

（1）收入。问卷中对于收入的测量比较详细。从时间维度上来看，分为初职和现职，每份职业又细分为入职收入（入职后的正式工资）和目前收入。由于本研究的因变量个体收入分配公平感测的是被访者对当下收入公平与否的感知，因而选取现在职业的目前收入与其对应。需要明确的是，现职收入指工资单所列的月收入乘以 12 以及年终奖金和年终实物折现收入之和。

（2）地位期望。测量的是被访者对自己五年后地位等级的预期，被访者回答的等级越高表示对将来的预期越乐观。问卷中的题器为："在我们的社会里，有些群体居于顶层，有些群体则处于底层，您认为五年后您在哪个等级上？"。取值分别从 1 到 10，代表从最底层到最顶层。本研究将其作为连续变量放入模型中。

（3）晋升速度。本研究将表示局部比较的变量操作化为职员对与同事相比的晋升速度快慢的感知。在问卷中有受雇经历的三个模块中（有一份工作、两份工作和三份及以上工作的人群）均有这一测量。题器为："您觉得与当前单位或公司内的其他同事相比，您的升职速度？"，备选项为"1-更慢 2-差不多 3-更快"。我们同时取三个模块中最后一份工作中现职的升职速度来测量，然后将这三个部分加总，得到关于晋升速度的变量。

4.2.4 控制变量的测量

（1）性别。传统的"男主外女主内"思想导致男女在职业发展上产生男强女弱的态势，同时展现出收入分配公平感知的男女差异。一方面，从客观方面来看，女性社会资本欠缺与回报欠缺是性别收入不平等的重要因素（Lin N.，2000）。另一方面，从主观来看，男女两性在判断收入公平问题所依据的原则和归因不同也会导致其分配公平感知的差异。与以往研究一致，我们将性别作为控制变量并处理成虚拟变量，女性赋值为 0，男性赋值为 1。

（2）年龄及年龄平方。以往研究表明年龄对因变量分配公平感的效应并不是简单的线性关系，其影响可能有拐点，呈现"U"型关系。因此本研究通过在模型中放入年龄变量的同时放入年龄的平方项来解决这一问题。年龄及年龄平方项处理为定距变量进入模型中。

（3）教育程度。这里将教育程度转化为教育年限，具体通过询问"您目前的最高教育程度是?"来测量。我们将被访者所回答的教育程度依次赋值为具体年限：没有受过任何教育为 0 年，私塾为 2 年，小学为 6 年，初中为 9 年，普通高中为 12 年，职业高中中专技校为 13 年，大学专科（成人高教）为 14 年，大学专科（正规高教）为 15 年，大学本科 16 年，研究生及以上为 19 年。

（4）政治面貌。中国特色的政治环境下政治资本对于个体地位获得及收入分配具有重要作用。以往学者倾向于将党员身份、干部职位或管理者身份作为政治资本的几项指标（边燕杰等，2008）。在本研究中，我们将政治面貌操作化为是否拥有党员身份，并处理为虚拟变量。题器为"您目前的政治面貌是?"，回答为中共党员的取值为 1，回答民主党派、共青团员和群众的合并为非党员并取值为 0。

（5）户口类型。由户籍制度这堵"无形之墙"造成的城市劳动力市场的社会分割和就业歧视，引起了学界的讨论。以户籍制度为代表的身份界限影响了个体职业地位获得，导致收入不平等。在 JSNET2014 问卷中的测量为："您的常住户口的地点和类型是？"，选项设置为本市非农户口、本市农业户口、外地非农户口和外地农业户口四类，编码为 1～4。本研究将被访者户口类型重新划分为农业户口和非农业户口两类，并分别赋值 0 和 1。

（6）单位类型。探究个体的收入公平感知必然要置于一定的社会背景之下，尤其是宏观经济制度结构之中。转型期的中国劳动力市场处于新旧体制并存的局面，即以再分配经济为主的体制内和以市场经济为主的体制外。本研究将单位类型设置为二分虚拟变量，其中把党政机关、国有企业、国有事业、集体企业合并为体制内单位并赋值 0，个体经营、私营企业、外资企业、股份制企业及其他合并为体制外单位并赋值为 1。

（7）区域特征。中国的市场化进程主要带来的问题是经济发展的不均衡状态，在地域差异上表现为改革先发地区比后发地区具有经济发展程度上的优势地位。考虑到调查中的八个城市经济发展状况有差别，本研究将区域特征纳入模型中进行控制。主要区分为内陆城市和沿海城市两类，内陆城市是改革的后发地区，经济相对落后，分别为长春、济南、西安和兰州，赋值为 0。沿海城市为改革的先发地区，经济相对发达，分别为天津、上海、厦门和广州，赋值为 1。

（8）职业地位。布劳和邓肯根据职业的平均教育水平和收入水平计算出每一种职业的社会经济地位指数（SEI），唐启明（Donald Treiman）等又将其转化为国际标准职业的社会经济地位指数（ISEI）。ISEI 编码为两位数，数值越大代表个人的职业地位越高。我们将问卷中受雇群体三部分的职业 ISEI 加总，得到一个关于职业的连续变量。表 4－1 为各变量描述统计。

表 4 - 1　　　　　　　　　　各变量描述统计

变量名	均值/百分比	样本量	说明
收入分配公平感		4902	
完全不公平	5.24%		完全不公平 = 1
比较不公平	18.28%		比较不公平 = 2
居中	35.90%		居中 = 3
比较公平	37.19%		比较公平 = 4
完全公平	3.39%		完全公平 = 5
性别		4931	
女	53.96%		女 = 0
男	46.04%		男 = 1
年龄	43.88	4924	标准差 13.94
年龄平方	21.20	4924	标准差 12.51
婚姻状况		4931	
未婚	20.12%		未婚 = 0
已婚	79.88%		已婚 = 1
户口类型		4929	
农业	10.43%		农业 = 0
非农业	89.57%		非农业 = 1
政治面貌		4930	
非党员	81.42%		非党员 = 0
党员	18.58%		党员 = 1
教育程度	12.86	4928	教育年限
职业地位	44.49	4852	ISEI
单位类型		4916	
体制内	60.39%		体制内 = 0
体制外	39.61%		体制外 = 1
区域特征		4931	
内陆	47.90%		内陆 = 0
沿海	52.10%		沿海 = 1
收入	10.43	4931	年收入对数
地位期望	4.87	4674	取值 1 ~ 10
晋升速度		4613	
未晋升	72.19%		未晋升 = 0
更慢	3.12%		更慢 = 1
差不多	15.78%		差不多 = 2
更快	8.91%		更快 = 3

4.3 统计模型

4.3.1 定序逻辑回归模型

定序逻辑回归模型（ordered logit model，OLM），也被称为累计逻辑回归模型（cumulative logit model）。该模型适用于以定序变量为因变量的多元回归分析，即因变量的不同类别有高低等级之分，但每个类别之间的距离无法知道。Ologit 模型是基于概率的估计，并不是数值的估计，因而因变量的顺序比数值重要。定序变量的测量层次介于定类变量和连续变量之间，分为不同的次序类别，但并不是连续的。如果用一般线性回归模型来估计则会使人为信息膨胀，而如果使用多分类逻辑回归又会使得人为信息缺失。在本研究中因变量收入分配公平感是从 1~5 的定序变量，其中 1 代表完全不公平，2 代表比较不公平，3 代表居中，4 代表比较公平，5 代表完全公平。因此，我们针对本研究因变量为定序变量的性质采用定序逻辑回归模型来估计。

假设因变量为 y 自变量为 x，如果因变量有 j 个类别，1，2，…，j，那么便有 j-1 个分割点，用 t_{j-1} 来表示阈值，可以被看作是常数项。b 为自变量的系数。那么，i 的累计概率可以表示为：

$$y(y_i \leqslant j/x_i) = p(y^* \leqslant t_j) = p(u_i \leqslant t_j - a - bx_i) \qquad (4-1)$$

y_i 的概率表示为 $p\left(y_i = \dfrac{j}{x_i}\right) = p(t_j - 1 \leqslant y_* < t_j) \qquad (4-2)$

$$= p(y_* < t_j) - p(t_{j-1} \leqslant y_*)$$

$$= p(y_i < j) - p(y_i < j - i)$$

$$= p(u_i < t_j - a - bx_i) - p(u_i < t_{j-1} - a - bx_i)$$

当 b=0 时，说明自变量对因变量没有作用，即职场交往的频率高低对于分配公平感知并不产生影响。

当 b>0 时，exp(-b)<1，说明自变量增加导致累计概率减少。因

此选择高级别的可能性更大，即职场交往频率的增加使得人们更容易认为收入分配是公平的。

当 b < 0 时，exp(− b) > 1，说明自变量增加使得累计概率增加。选择高级别的可能性更小，即职场交往频率的增加使得人们更容易认为收入分配是不公平的。

模型拟合采用最大似然估计法（maximum likelihood estimation，MLE）来检验。它的原理是对似然函数两边取对数，使其等于联合概率，然后对每个参数求偏导。命令其一阶导数为 0，得到与参数数量相同的似然方程组，对方程组求解便得到未知参数的最大似然估计值。

我们用 L_c 表示当前模型的联合概率，L_0 为截距模型的联合概率，L_f 为饱和模型的联合概率。那么，模型偏差为：

$$G^2 = -2\ln\left(\frac{Lc}{Lf}\right) = -2(\ln L_c - \ln L_f) \qquad (4-3)$$

模型拟合优度为：

$$Pseudo\ R^2 = (LogL_c - LogL_0)/(LogL_f - LogL_0) \qquad (4-4)$$

4.3.2　多元线性回归模型

多元线性回归模型（multiple linear regression，MLR），也称多重线性回归。适用于因变量为定距变量且自变量为两个或两个以上的情况。假设 y 为因变量，x 为自变量，那么多元线性回归模型可以表示为：

$$y = b_0 + b_1x_1 + b_2x_2 + \cdots + b_ix_i + \varepsilon \qquad (4-5)$$

其中，b_0 为常数项，b_i 为偏回归系数，指的是在其他变量不变的情形下，自变量 x_i 变化一个单位引起因变量 y_i 的均值变化，ε 为随机误差项。

参数估计采用普通最小二乘法（ordinary least square），利用误差平方和最小化来找到最佳函数。这种参数估计方法具有无偏性，一致性和有效性的性质。回归模型的拟合优度检验用 R^2 或者调整的 R^2。R^2 指回归平方和与总离差平方和的比值，比值与 1 越接近，代表模型的拟合优度越好。模型中往往增加解释变量的个数可以使得 R^2 增大，会使人们误以

第④章　研究设计

为要使得模型拟合优度提升只要增加解释变量即可。但是，现实中拟合好坏与增加解释变量并没有关系，因此可以用调整的 R^2，即将残差平方和与总离差平方和各自除以自由度，来解决变量个数增加对拟合优度的影响。

显著性检验采用 F 检验，是回归平方和与残差平方和的比值，比值越大则自变量对因变量的解释程度越高。

4.3.3　因果逐步回归检验

因果逐步回归法是中介效应检验中的传统方法，该方法由巴伦和肯尼（Baron & Kenny）于 1986 年提出。这一方法通过拟合三个回归模型来实现，假设自变量为 X，因变量为 Y，中介变量为 M。那么，可以将回归方程表示如下：

$$Y = \beta_1 + cX + \varepsilon_1 \tag{4-6}$$

$$M = \beta_2 + aX + \varepsilon_2 \tag{4-7}$$

$$Y = \beta_3 + c'X + bM + \varepsilon_3 \tag{4-8}$$

式（4-6）是自变量与因变量的回归方程，若系数 c 显著表明主效应存在。式（4-7）是自变量与中介变量的回归方程，若 a 显著则说明自变量对中介变量存在影响。式（4-8）是自变量、中介变量与因变量的回归方程，若 b 显著则说明中介变量有助预测因变量，同时将 c′和 c 相比较（通过 z 检验来判定），数值显著变小或是不显著。同时满足以上三个条件才能判定自变量对因变量的影响存在中介效应。

温忠麟等（2004）将这一方法进行了扩展，倡导通过综合运用依次检验和 Sobel 检验来排除错误率，并将这一检验程序进行了归纳。自此后的很长一段时间，国内学者做中介效应主要参照这一方法进行。第一步，先检验方程（4-6）中系数 c 的显著性，来判定 X 对 Y 的总效应是否存在。如果显著进行下一步检验，如果不显著则停止检验。第二步，依次检验方程（4-7）中 a 和方程（4-8）中 b 是否显著，来检验系数乘积的显著性。如果 a 和 b 都显著，则进行下一步检验。如果 a 或者 b 有一个不显著，则做 Sobel 检验。如果检验显著，那么说明中介效应 M 确实存在，如果不显著则说明中介效应不存在，结束检验。第三步，通过检验方程（4-8）中 c′是否显著来区分完全中介效应还是部分中介效应。如果 c′显著且 c′小于 c 则认为 X 对 Y 的影响是部分通过 M 来实现，也称部分中介效应（partial mediation）。如果 c′不显著，那么可以认为 X 对 Y 的影响全部通过 M 实现，称之为完全中介效应（full mediation）（道恩·亚科布齐，2012）。

4.3.4 Bootstrap 中介效应检验

针对目前对因果逐步回归法的质疑，近年来学者提出了利用 Bootstrap 方法来检验中介效应。以往研究认为逐步回归法虽然简单易懂，检验程序直观，但是检验力却比较低，而 Bootstrap 方法直接对系数的乘积进行检验，它的检验力超过 Sobel 检验。另外，逐步回归法只能检验简单的中介效应，比如，只有一个中介变量。而 Bootstrap 方法可以同时处理有多个中介的情况，甚至有中介的调节效应和有调节的中介效应等复杂情况。但是，如果在逐步回归法检验结果均显著的情况下，它的检验结果是比 Bootstrap 检验要好（温忠麟等，2014）。虽然有的研究提倡用 Bootstrap 方法来替代逐步回归法，但在本研究中我们将结合两种方法的优点来达到最优效果。其一，我们运用简单易懂的逐步回归法来做初步判断，其二，利用 Bootstrap 方法来进一步验证，保证结果的稳定性。因此，我们同时使用两种方法来保证中介检验程序的直观性和检验力最佳，显然比只用一种检验方法效果更好。

普里彻（Kristopher Preacher）和哈耶斯（Andrew Hayes）于 2004 年提出通过 Bootstrap 再抽样的方法来检验中介效应。该方法通过对原有样本进行重复再抽样，计算中介效应系数及中介效应所占总效应的比例，并通过置信区间检验中介效应的系数是否显著。

Bootstrap 检验的原理和程序：首先，我们将原有样本看作 Bootstrap 检验的总体，随机对样本进行 n > 1000 次的有放回重复抽样；其次，计算每个抽样所得样本的系数乘积 a_ib_i，并计算总中介效应估计值 $\sum a_ib_i$；最后，将中介效应的估计值进行由小到大排列，形成一个非参数的近似抽样分布序列，取 2.5 和 97.5 的百分位点形成 95% 置信度的置信区间（张涵、康飞，2016）。

Bootstrap 检验的方法的工具和步骤：目前可以用 Bootstrap 检验的工具有 MPLUS 和 SPSS 两种。本研究利用的是在 SPSS 中安装 Process 插件来实现。具体的操作是：第一步，在 SPSS 软件中选择"Analyze"，然后选择"Regression"，再选择"Process"。第二步，把自变量、中介变量和因变量加入选项框中，一般设定样本量为 5000。第三步，勾选"Bias Corrected"，即选择偏差校正的非参数百分位法，对估计值分布的不对称性进行校正，使其更加准确。最后选择置信度，一般为 95%，点击"Ok"得到检验结果（陈瑞和郑毓煌，2013）。

4.3.5　似不相关回归模型

似不相关回归模型（seemingly unrelated regression，SUR）用于对多个方程进行联合估计。此模型的假设条件较为宽松，允许两个组别中变量的系数存在差异性，另外两组的干扰项可以有不同分布并且具有相关性（陈强，2014）。

在本研究中我们的研究问题是体制特征是否会影响职场上级交往对分配公平感的作用，那么我们最关注的是体制内和体制外这种影响效应是否有所不同。分析的重点在于职场上级交往的系数在两个组别之间有无显著差异。

第一，我们并未限定两个方程中各个控制变量的系数要完全相同；第二，虽然体制内外有别，但是二者面临的经济环境和国家政策也有相似之处，因而两个组别的干扰项可能相关，那么执行联合估计更加有效率。

在执行完似不相关回归之后，仍需用 test 对两组的系数进行检验。对此我们进行以下假设：

H$_0$：体制内职场上级交往系数 = 体制外职场上级交往系数

H$_1$：体制内职场上级交往系数 ≠ 体制外职场上级交往系数

最后根据对应的 p 值来判定是否支持原假设。

4.4 本章小结

本章主要为数据、变量及方法介绍章节。本研究采用 2014 年社会网络与职业经历调查数据（JSNET2014），为全国八大城市调查数据。根据研究需要，我们将分析范围缩小到有过受雇经历的群体，因而去掉了自雇和雇主的样本。

研究的因变量为收入分配公平感，我们选取的题器是问卷社会态度版块中的微观相对收入分配公平感，将其处理为五个等级的序次变量。研究的主要自变量是职场交往以及职场交往中的不同交往类型，包括上级交往、平级交往和下级交往。我们将曾有一份工作、两份工作和三份及以上工作的样本汇总，取其现职最后职位的职场交往情况进行分析以对应目前被访者的分配公平感。另外，将收入、地位期望和晋升速度变量根据研究的不同需要在模型中作为自变量、因变量或中介变量，以期验证职场交往对分配公平感的中介效应。参照以往研究中可能对公平感产生影响的变量，我们将其在模型中加以控制，包括性别、年龄及其平方、婚姻状况、户口类型、政治面貌、教育程度、职业地位、单位类型、区域特征等。根据因变量的层次，研究采用序次逻辑回归模型（OLM）、多元线性回归模型（MLR）来检验职场交往引发的分配公平感差异。另外，为了明确职场交往如何影响分配公平感，即职场交往通过哪些因素来影响个体的微观收入分配公平感。我们通过建立因果逐步回归模型和 Bootstrap 中介效应检验来验证职场交往影响分配公平感的中介变量。最后我们利用似不相关回归模型对这种影响效应进行体制内外的差异检验。

职场交往对分配公平感的
影响效应*

　　本章的意图在于检验中国劳动力市场中从业人员的职场交往行动对于自身分配公平感的作用。前文理论梳理部分对职场交往过程中微观收入分配公平感的形成进行了初步探讨，从本章开始进入实证部分，根据前文中职场交往对分配公平感的作用提出相应理论假设并利用 JSNET2014 数据进行验证。本章首先考察职场交往对分配公平感的整体作用，其次依据交往对象的差异将职场交往分为三种类型，将上级、平级和下级交往对于分配公平感的作用进行分别检验。通过对比其作用差异，厘清其各个部分的作用机理，以期对职场交往的作用有更加深入、细致的认识。基于此，本章主要围绕以下两个核心问题展开研究：第一，在当今中国社会，职场交往所嵌入的社会网络与个体收入分配公平感之间的关系究竟如何？第二，不同类型的职场交往所形成的网络结构在这一影响过程中是否具有作用差异？

5.1　研究背景

　　社会公平是社会科学领域一直以来关注的重要话题。约翰·罗尔斯

---

　　*　本章的部分内容曾在《湖南大学学报（社会科学版）》2019 年第 1 期发表。

（John Bordley Rawls，1988）在《正义论》一书中认为公平是社会制度的首要价值，提出"作为公平的正义"对社会秩序的重要性。党的十九大报告阐述了维护社会公平正义是我们的核心价值追求，即便迈入新时代，公平问题仍是公众关注的焦点问题，它直接影响人心向背与和谐社会的建构。现代社会关于公平的话题充满了人们的生活领域，比如，教育公平、医疗公平、就业公平等。然而，在公平领域的众多维度中，经济层面的收入分配公平是社会大众以至于学界讨论最多的指标。改革开放以来，经济体制层面的改革使得资源分配方式和结果产生了巨大变革，虽然我国实现了经济的高速增长，收入差距急剧扩大和社会阶层分化加剧问题也与日俱增，引发了社会大众对于贫富差距以及社会后果的思考和担忧。

分配公平感反映的是人们对资源分配公平程度的主观感知，尤其指个体对自身收入公平与否的判断。值得注意的是，这种主观判断具有深刻的社会意义，它既受社会情境塑造，又反作用于社会。人们对收入分配公平性的判断与冲突意识有紧密关联，也就是说不公平感越高越容易引发社会冲突意识（李路路等，2012）。因此，公平的分配体制是确保社会稳定的核心，也是社会稳定的安全阀。依据研究层次不同可以将分配公平感划分为整体层面的宏观公平感和个体层面的微观公平感（Brickman P.，1981）。微观分配公平感不同于宏观分配公平感关注整个社会的资源公平程度，它主要衡量的是个人对自身获得报酬公正与否的主观判断。

当前对于微观收入分配公平感的研究主要集中在解释机制的问题，即个体的分配公平感是如何形成的？这一领域产生了诸多的理论对话和交锋，比如，宏观层面的结构决定论，微观层面的参照群体理论等。目前，学界关于分配公平感的形成机制主要有以下两种主要理论维度。第一种是以自利主义作为主要归因和评价依据的结构决定论，它遵循既得利益原则。结构决定论主要关注社会结构特征对分配公平感的作用，尤其是从不同群体层次出发探究公平感的成因。既有研究认为社会经济地位是影响个体分配公平感的关键因素，处于较高地位的个体更倾向于认可现有分配制度来保障其优势地位。社会结构中的下层群体更加支持平均分配原则，上层群体则更倾向于应得原则（孙明，2009）。然而，怀默霆（2009）的一项研究发现相对于城市居民来讲，处于社会底层的农民反而认为自己的收入是公平的，使得结构决定论受到了挑战。第二种是强调参照比较原则的局部比较论。研究者认为公平感的成因并不取决于客观的结构位置，而是由个体在比较参照时的结果来决定（马磊、刘欣，2010）。与周围的其他社会成员横向比较以及与自己过去生活状况的纵向比较是两大主要参照对象。如果处于比较的劣势地位则会出现相对剥夺的不公平感。这一理论解释了为什么农民反而比城市居民更倾向于认为自身收入是公平的。除此之外，新制度主义理论（刘欣、胡安宁，2016）、社会流动论（王甫勤，2010）等也在一定程度上丰富了微观分配公平感的机制研究。新制度主义理论认为社会共识的期望与社会成员个体的自我评价是否能够达成一致是评判分配公平与否的标准。社会流动的视角发现代际职业流动可以显著影响人们的分配公平感。

总体而言，虽然以上研究成为解释分配公平感形成的主要理论向度，仍需注意以下两个方面。第一，收入分配公平感知的产生有其特定场域。分配公平感的形成与个体所处的场域相关联，尤其是日常生活中的家庭场域和职业场域等。个体通过与场域中亲戚、朋友和同事进行互动由此产生社会资源的交换和比较，从而影响其公平主观感知。任何脱离了场域和具体的情境的研究也就违背了真实世界的建构。第二，分配公平感的形成是一个动态的过程，应该关注个体之间的联系性和互动性。可以发现，以往研究大多都处于静态层面，缺乏对交往互动层面的探讨。在现实生活中，个体关于分配公平的判断，很大程度上是通过与社会网络成员的交往、交流、互动过程形成的。那么，分配公平感的研究不能忽视个体互动层面的影响作用。

鉴于此，本研究从中观层面的社会网络视角出发，将职场场域中的交往互动作为分配公平感研究的核心情境。其一，职场是社会网络资源产生和交换的主要场域，更是职业收入产生的直接场域。其二，职场交往的社会网络依托于岗位和职业的需求，与职业收入感知的关联性更强。因此，本研究试图通过职场互动建构的社会网络来扩展分配公平感的研究视角，探讨职业交往对分配公平感的影响。同时，考察职场交往影响微观分配公平感的主客观机制，从而审视职场交往对劳动力市场结果的主观感知作用，探索职场中个体对于收入分配公平与否的评判依据。

5.2 职场交往变量的描述与分布

本节作为实证检验的第一部分，在考察职场交往与分配公平感的关系之前，先对单变量进行描述。主要从以下两个方面展开：第一，为了解主要自变量的基本特征，对职场交往以及交往的不同类型进行描述性分析；第二，分别对三种交往类型在不同交往频率上的百分比进行统计，并利用条形图清晰展示。

本研究的主要自变量是职场交往，我们将其按照交往对象划分为三种交往类型，主要包括与上级领导交往、与平级同事交往以及与下级同事交往。表5-1展示了职业交往变量及其类型的均值、标准差、取值范围和样本量。

表5-1　　　　　　　　职场交往变量的统计描述

交往类型	均值	标准差	取值范围	样本量
职场交往	10.12	2.08	3~12	3065
上级交往	3.01	1.02	1~4	4599
平级交往	3.73	0.63	1~4	4589
下级交往	3.30	1.01	1~4	3104

其中，职场交往变量是对个体在本单位的职业场域中与同事交往总频率的测量，将问卷中三种类型的交往频率相加而成。因而，它的取值仍然为"从不""偶尔""有时""经常"四种，赋值范围为3~12。这里将职场交往作为一个整体考察，意在首先忽略交往对象的职位高低，将关注点放在职场交往频率大小所建构的职场网络以及带来的网络资源差异。在考察职场交往总体效应之后，研究还将进一步探讨不同交往对象的效应差异。意在考察职场三种交往类型所建构的职场网络是否有所不

同，重点分析不同交往对象的职位高低附着的权力和资源差异。

在了解职场交往及其类型变量的总体特征之后，我们来看职场交往三种类型的不同分布状况。图 5 – 1 展示了三种交往类型在从不、偶尔、有时、经常的四个频率取值上所占的百分比。可以发现，与上级领导、与平级同事和与下级同事交往的频率分布基本一致。具体来说，无论哪一种类型的交往方式，随着频率增高，所占比例都在逐渐增大。在频率取值上都是经常所占比例最大，占总比例的一半以上。而选择从不交往的比例最小，其中与平级同事从不交往的只占 1.98%。掌握职场交往以及三种交往类型的分布，为我们进行下一步分析奠定了基础。

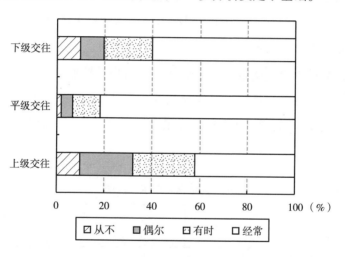

图 5 – 1　职场交往类型的分布状况

5.3　职场交往对分配公平感的作用分析

作为收入来源的直接场域，职场成为影响分配公平感知的重要日常情境。从这一层面上来讲，与亲戚和朋友等相比，与同事间的互动对个体收入分配公平感知的影响更为直接。因此，职场以及同事间的互动成为分配公平感研究的一个重要维度，遗憾的是这一问题很少得到研究关注。已有研究证实了职场中同事间的交往和互动能帮助个体进行关系建立和维护，职业资源的交换，最终对个体劳动力市场结果产生影响（边燕杰，2004）。本研究认为，职场互动同时也会进一步影响个体对客观结果的主观感知，尤其是对所获得收入是否公平问题的认知。对于职场互动所带来资源分配的认知和评价，直接影响个体对于分配体制的认可程度。如果分配不公平的负面情绪占据主导地位，就会产生从业者绩效下降、领导权力合法性丧失、劳资关系紧张等问题，成为社会的稳定和谐的隐患。因此，对这一问题的研究对企业或是社会都有重要意义。

以上我们明确了职场中员工分配公平感知的重要性，以及职业场域中同事间的交往互动对于分配公平感研究的重要作用。那么，我们对于职场交往带来对收入的主观感知的研究势在必行。因此，下一步的研究任务就是探索职场交往和分配公平感的关系，即职场交往对微观收入分配公平感产生怎样的影响？以下我们集中分析职场交往及其不同类型对分配公平感的作用。

5.3.1 理论假设

在中国典型的熟人社会中，社会大众的行为在不同程度上建构着社会网络关系。其中，职场中的人际交往是行动者社会网络的重要来源。本研究提及的职场交往特指职场内部交往，也就是说，个体在单位内部与同事之间的人际交往。我们根据交往对象的不同将职场交往分为以下三种类型：与职场上级领导交往，与职场平级同事交往和与职场下级同事交往。这三种类型的交往均在单位内部围绕工作需要展开，对职场网络具有建构作用。在此，我们先不考虑职场交往的对象，而将这三种交往类型作为一个整体来研究，单纯探讨职场交往作为一种职场网络的建构方式对分配公平感产生的作用。那么，职场交往究竟如何影响人们的收入分配公平感？我们认为从分配公平感的形成过程来看，职场交往所建构的职场社会网络发生作用的途径可能通过以下两个方面。

第一，职场交往与职场网络资源的获取。格兰诺维特（1985）认为，社会成员的经济行动嵌入在社会网络中。社会网络本身又嵌入着丰富的资源，由此形塑个体的地位获得和职场机遇。区别于亲戚、朋友交往，职场交往是针对职业活动展开的交往，与工作有很强的关联性。职场交往的功能在于对职场中关系的建立和维护以及资源的传递和交换均有着积极的作用（刘伟峰等，2016）。就此意义来说，职场交往带来的网络资源对于从业者本身的职业发展有着直接影响。职业交往使得职场网络资源发生传递和获取，最终转化为从业者个人可使用的资源。由此产生提高从业者的职业收入、得到晋升机会等结果。因此，职场交往的过程既是社会网络资源的动员和使用过程，也是为从业者带来有益回报的过程。另外，职场交往的频繁程度体现了职场从业者获取网络资源的能力（刘伟峰等，2016）。也就是说，职场交往互动越频繁，越有利于从业者对于网络资源的获取（郝明松等，2014），越容易使其在职业竞争中占据优势。一方面，从业者通过职场交往能够获得更多晋升目标职位的信息，有助于他对晋升岗位的了解，培养起符合目标岗位的技能要求，使得他更好更快地达到晋升的目的。格兰诺维特（1973）分析了求职过程中网络信息传递对求职人员重要性，网络成员可以通过求职网获取有用的求职信息。虽然，职场网络与求职网络由于所处的职业阶段不同，提供的网络信息有所差异，但从本质上来说它们同样有为网络成员提供网络信息的功能。通过职场交往过程增强了从业者对于岗位和所需技能的了解，从而更好地在职场中对工作游刃有余，更容易获得职场中的提升。另一方面，职场交往有助于员工获得认同而得到实际性的帮助。情感因素也是工具性行动达到成功的重要因素，只有首先获得他人感情上的认同才会采取帮助的实际行动（林南，2005）。职场交往无疑是实现情感性认同的重要方式，通过职场交往获得同事对其能力的认可和情感上的支持。这种职场中的人际互动越频繁越容易加深同事对其工作能力的了解，得到同事对其情感上的认同和能力的认可，使得他更容易得到职场中的一些实质性帮助，如引荐、推选等，从而使他在职业发展上更加顺利。那么，通过以上分析我们可以认为职场交往越频繁越容易获得优质的职场网络资源，帮助劳动者拥有良好的职业发展和职业收入。因此，职场个体由于自身占据优势的职业网络资源及竞争地位，从利己的角度更倾向于认为自己的收入分配是公平的。

第二，职场交往与职场网络信息畅通。一方面，公平感可以由上述职场交往过程带来的网络资源得到提升。另一方面，职场交往还有助于消除由于职场信息不畅带来的收入分配不公平感知。人们的分配公平感大部分是对现有分配制度的真实反馈，但仍存在部分分配不公平的感受是由于个人自己对现实状况的误判造成的。前者一直是研究的重点，而后者往往被研究所忽视。如职员在并不完全了解公司分配和晋升制度的前提下，将自己得不到晋升的原因归结为公司的制度不透明，晋升人员肯定是与领导有"关系"而破格提拔，从而将自己的收入分配归结为不公平。这种由信息传递过程中的缺失造成的不公平感误判虽然不是由于分配体系本身的原因造成的，但同样也会影响员工的工作积极性。接触理论认为接触是提高人们对外部对象信任度的过程，通过接触获取对方信息，有助于减少和纠正原有的误解（Pettigrew T. F.，2011）。该理论为如何通过职场交往来消除收入分配不公平感提供了解释。个体通过与同事的互动交往构建起一张职场的信息网，从中可以获得关于单位制度、薪酬体系、任免决策等信息，从而在个人层面增加对企业的了解，加强员工对于分配体系的认可程度，减少由于缺乏了解导致的不公平的误判。并且，职场个体间接触越频繁，越有助于加速网络信息的传递和畅通，更全面的了解单位的分配制度，达到上下级信息的有效传递，减少信息不对称性，在一定程度上降低对现有分配制度的偏见，有利于减少由信息不畅引发的分配不公判断。

基于以上分析，研究认为职场交往不仅可以为职场个体提供有利的职场网络资源，为个体传递有用信息和获得实际帮助，而达到分配公平分配的认知。同时，职场交往也成为职场信息畅通的主要手段，帮助人们消除由于信息不畅而导致的公平感丧失的误判。因此，研究提出与职场同事间的交往互动越多，越利于自身收入分配公平感的提升，由此我们提出职场交往与分配公平感的关系假设。

假设 5 - 1：职场交往对于个体分配公平感具有正向效应，即职场交往越频繁，个体的分配公平感越强。

5.3.2　实证检验

为考察职场交往对分配公平感的解释力，检验职场交往对分配公平感的关系假设，我们建立了两个定序逻辑回归模型进行验证。第一步，建立基准模型，初步检验职场交往与分配公平感的关系；第二步，在基准模型的基础上加入控制变量，检验职场交往对公平感的影响是否稳定存在。通过这两步实现对假设 5 - 1 的检验。

实证分析结果如表 5 - 2 所示。第一，我们建立了基准模型 1，仅加入了核心自变量职场交往。初步探究职场个体间互动频率对分配公平感的正向效应是否存在，并且看这种影响力是否显著。统计结果显示，职场交往的回归系数为 0.106，结果具有高度统计显著性，在 $p < 0.001$ 水平下显著。由于系数为正，说明随着职场交往频率的增加，个体选择不公平的可能性会降低，即职场交往越频繁，人们认为自身的收入分配结果是公平的可能性更高。具体来说，累计概率比为 $\exp^{-0.106}$，即 0.89。说明职场交往的频率每增加一个单位，人们选择收入分配不公平的概率下降 10.1%。这一结果初步支持了假设 5 - 1，职场交往对于收入分配公平感确实具有正向影响，职场交往越频繁越倾向于认为自身的收入分配是公平的。第二，为考察上述结果的稳定性，在基准模型的基础上加入了控制变量。排除以往研究中可能影响公平感的因素带来的干扰，检验基准模型中的正向影响是否独立存在。模型 2 在模型 1 的基础上控制了性别、年龄、教育程度、单位类型等变量，职场交往变量的系数为 0.048，并且在 $p < 0.01$ 水平下显著。也就是说，在各控制变量保持不变的情况下，职场交往每增加一个单位，人们选择不公平的概率下降 4.7%（$1 - \exp^{-0.048}$）。与模型 1 相比后发现，虽然加入控制变量后职场交往的系数有所下降，但职场交往对于收入分配公平感的正向效应仍然存在。通过对比模型 1 和模型 2 的结果发现，职场交往对于收入分配公平感的正向效应稳定存在。模型检验结果验证了假设 5 - 1，即职场交往对于个体的收入分配感知具有正向效应，与职场同事交往越频繁越有利于增强个体对

自身收入分配公平的认知。

此外，模型 2 中的控制变量也在不同程度上反映了分配公平感知的差异，显现出一定的社会政策意义。具体来说，性别对于分配公平感也具有显著影响。相比于女性来说，男性选择收入分配公平的概率高12.3%，并且在 $p < 0.1$ 水平下显著。年龄对于分配公平感的影响呈 "U" 型分布。个体的婚姻状况也是影响分配公平感的因素之一，相较于未婚者而言，已婚者选择收入分配公平的概率高 31%。随着教育年限的增加，人们认为分配公平的可能性也在上升，党员比非党员认为公平的概率要高。说明人力资本和政治资本也是影响收入分配公平感知的重要原因。另外，当我们区分不同的户口类型和区域特征时，人们的分配公平感并没有显示出显著差异。

表 5-2　　职场交往对分配公平感影响的定序逻辑回归模型

变量名	模型 1：基准模型		模型 2：+ 控制变量	
	系数	标准误	系数	标准误
职场交往	0.106 ***	0.016	0.048 **	0.018
性别（参照：女性）			0.131†	0.070
年龄			−0.059 **	0.022
年龄平方			0.057 *	0.024
婚姻状况（参照：未婚）			0.371 ***	0.106
户口类型（参照：农业）			−0.093	0.134
政治面貌（参照：非党员）			0.245 *	0.095
教育年限			0.023 *	0.016
职业地位			0.003 *	0.003
收入			0.274 ***	0.049
单位类型（参照：体制内）			0.150†	0.081
区域特征（参照：内陆）			−0.160	0.075
阈值				
1	−2.152 ***	0.185	−0.519	0.642
2	−0.317†	0.168	1.359 *	0.639
3	1.468 ***	0.170	3.202 ***	0.642
4	4.720 ***	0.204	6.503 ***	0.653
Pseudo R^2	0.0055		0.0189	
样本量	3006		3006	

注：双尾统计检验显著度：† $p < 0.1$，* $p < 0.05$，** $p < 0.01$，*** $p < 0.001$。

总结上述分析结果，我们认为职场交往作为一种职场社会网络的来源，蕴含着对职场个体有利的社会网络资源。职场交往越频繁越更有利于个体获得更好的社会网络资源。个体通过与职场同事交往来动员职场社会网络，获取职场信息和实质性的帮助。通过职场交往不仅达到实质性的利益获得，同时加深了个体对分配体系的正面认知，从而影响个体对自身分配公平与否的评判。从这个意义上来说，职场交往的频繁程度对于提升个体的收入分配公平感知具有积极的作用。

5.4　职场交往类型对分配公平感的作用差异

5.3 节初步探讨了职场交往与收入分配公平感之间的关系，尤其说明了作为一种职场网络资源的传递和获取方式，职场中个体与同事之间的人际交往是如何影响其对自身收入分配公平的主观感知的。结果表明，职场交往对于分配公平感呈现正向影响，个体在职场中通过与同事交往建构起有利于自身的职场网络，一方面，为其提供了有利于自身职业发展的职位信息资源和引荐等实质性的帮助，使个体实现自身职业收入或地位的提升。另一方面，这种职场网络减弱或消除了由分配制度、晋升体系等信息不畅对劳动者带来的不公平感。因而，职场交往对于提升个体收入的分配公平感知具有积极作用，这种作用体现在职场交往越频繁个体越认为自身的收入分配是公平的。

前文将职场交往看作一个整体来研究，暂时忽略考虑交往对象的特殊性，目的是考察职场交往行为的频率本身对职场网络的建构和主观分配公平感受的影响。明确了职场交往与分配公平感的正向作用后，我们会进一步思考，个体与不同职场对象交往对于分配公平感的影响是否一致，它们之间的作用是否存在差别？也就是说，与职场中所有同事进行交往都能够提升自身的收入分配公平感吗？因此，在本小节中我们将职场交往对象的类型纳入研究范围，在考虑不同职场交往对象的情况下，来进一步探究职场交往类型对分配公平感的影响是否具有差异。

5.4.1 理论假设

人际交往互动是行动者用于增强其获取社会网络资源的一种目的性方式（林南，2005），职场交往亦是如此。个体通过与职场中同事的交往来获得职场网络资源。其中，嵌入在职场网络中资源的性质成为分析职场交往作用的关键，它决定着职场个体可获取资源的类型和性质。它决定了个体最终可以得到什么，这正是我们研究结果公平与否的前提。第3章中我们明确了职场中的位置和相应资源构成了职场的"金字塔"结构，因而职场互动并不仅看作两个职员之间的互动，而是两个职员背后所在职位之间资源的传递。那么，在关注职场交往对分配公平感的影响时，不仅要关注职场交往行动的意义本身，更重要的是明确交往不同对象及其蕴含的网络资源差异。

边燕杰（2004）认为职场交往的对象是工作场域网络结构的反映。根据交往对象的不同，可以将职场交往分为上级交往、平级交往和下级交往三种类型。三种交往类型都属于单位内部交往，具有较强的同质性。但是，由于三种交往类型的对象不同，在与上级、平级和下级同事进行交往时也会显示出网络结构的差异。

第一，从职场交往对象的网络资源来看，职场中上级领导比平级和下级同事拥有更好的网络资源。社会成员在网络中占据着不同的结构位置，掌握与其位置相匹配的资源（林南，2005）。职场中的上级领导位于职场"金字塔"的顶端，拥有比平级和下级同事更丰富的职场网络资源，比如单位内部政策制度、工资奖金、人事决策的权力和信息发布的权力等（林南、敖丹，2010）。个体在与职场上级交往的过程中通过动员其网络资源而弥补自身资源的不足。平级同事与行动者由于职场位置相近，他们的网络资源类型可能因职位不同而存在差别，但网络资源的等级是相同的。因而，与平级同事的交往更多是现有资源分享和现有利益的维护过程。下级同事由于职位比行动者低，其网络资源的丰富及有价值程度往往在行动者之下，那么与之进行交往并不能获得更好的网络资源。

因而，与职场上级交往比平级和下级同事交往更有利于个体对职场优质网络资源的获取。

第二，从交往对象的网络关系属性来看，职场上级的关系可及性较强。在金字塔的等级制结构中，更高的社会位置往往控制着更多资源，同时，对结构中的其他位置也拥有控制权（林南，2005）。如果个体在职场中想获得某个职位，而这个职位被职场上级掌握。那么，通过与职场上级互动可以借其权威施加影响，从而接近或获得该职位。即使目标职位并不在职场上级的权力掌控范围之内，也可以借助职场上级的权威与目标职位的控制者相联系，间接与该职位的掌控者互动。相比之下，职场平级和下级并没有职场上级所掌握的权威优势。因此，当工作场域中的个体需要紧急支持时，职场上级比平级和下级同事来说更容易成为被动员的对象。

因此，从以上的论述可以看出，职场交往对象的不同影响职场交往的结果，与职场平级和下级同事相比，与职场上级交往能够获得更好的职场网络资源，帮助其从业者在职场竞争中占据优势，实现其工具性目的，有利于个体分配公平感的提升。

假设5-2：与职场上级、平级和下级交往对个体的分配公平感均有正向影响。

假设5-3：与职场上级交往对于分配公平感的正向影响大于平级交往和下级交往。

5.4.2 实证检验

对假设5-2和假设5-3的检验策略是建立职场交往不同类型对分配公平感的影响模型，分别检验职场上级、平级和下级交往对于个体收入分配公平感的影响，最后将分析结果进行对比。我们建立了如表5-3所示的嵌套模型来验证假设5-2和假设5-3。模型1为仅加入控制变量的基准模型，模型2、模型3和模型4分别在基准模型的基础上加入职场交往的三种类型。模型5将三种交往类型同时引入，来进一步比较不同职场交往类型对分配公平感的影响差异。

表 5 – 3　　　　　职场上级、平级和下级交往对分配公平感影响的
定序逻辑回归模型

变量名	模型 1 基准模型	模型 2 + 上级交往	模型 3 + 平级交往	模型 4 + 下级交往	模型 5 全模型
性别 (参照：女性)	0.137 * (0.070)	0.128 † (0.070)	0.137 † (0.070)	0.135 † (0.070)	0.128 † (0.070)
年龄	− 0.065 ** (0.022)	− 0.057 ** (0.022)	− 0.063 ** (0.022)	− 0.063 ** (0.022)	− 0.058 ** (0.022)
年龄平方	0.062 ** (0.023)	0.056 * (0.024)	0.061 ** (0.024)	0.061 ** (0.023)	0.056 * (0.024)
婚姻状况 (参照：未婚)	0.394 *** (0.106)	0.368 *** (0.106)	0.389 *** (0.106)	0.386 *** (0.106)	0.372 *** (0.107)
户口类型 (参照：农业)	− 0.096 (0.134)	− 0.098 (0.134)	− 0.097 (0.134)	− 0.092 (0.134)	− 0.099 (0.134)
政治面貌 (参照：非党员)	0.284 ** (0.093)	0.235 * (0.094)	0.280 ** (0.094)	0.267 ** (0.094)	0.241 * (0.095)
教育年限	0.026 * (0.016)	0.021 * (0.016)	0.025 * (0.016)	0.025 * (0.016)	0.022 * (0.016)
职业地位	0.004 (0.003)	0.003 (0.003)	0.004 (0.003)	0.004 (0.003)	0.003 (0.003)
收入	0.285 *** (0.049)	0.270 *** (0.049)	0.283 *** (0.049)	0.282 *** (0.049)	0.271 *** (0.049)
单位类型 (参照：体制内)	0.171 * (0.081)	0.134 * (0.082)	0.171 * (0.081)	0.163 * (0.081)	0.135 † (0.082)
区域特征 (参照：内陆)	− 0.167 * (0.075)	− 0.158 * (0.075)	− 0.167 * (0.075)	− 0.164 * (0.075)	− 0.159 * (0.075)
职场上级交往		0.148 *** (0.038)			0.161 *** (0.043)
职场平级交往			0.041 (0.052)		− 0.010 (0.056)
职场下级交往				0.043 (0.036)	− 0.023 (0.042)

变量名	模型1 基准模型	模型2 +上级交往	模型3 +平级交往	模型4 +下级交往	模型5 全模型
阈值					
1	-0.897 (0.626)	-0.599 (0.632)	-0.754 (0.651)	-0.793 (0.632)	-0.664 (0.653)
2	0.982 (0.624)	1.281* (0.629)	1.124† (0.649)	1.086† (0.630)	1.216† (0.651)
3	2.821*** (0.626)	3.129*** (0.632)	2.964*** (0.651)	2.926*** (0.632)	3.063*** (0.653)
4	6.118*** (0.637)	6.433*** (0.643)	6.261*** (0.662)	6.224*** (0.643)	6.367*** (0.664)
Pseudo R^2	0.0134	0.0159	0.0135	0.0182	0.0204
样本量	3006	3006	3006	3006	3006

注：双尾统计检验显著度：$†p<0.1$，$*p<0.05$，$**p<0.01$，$***p<0.001$。

模型2在模型1的基础上加入了职场上级交往变量。从结果可以看出，职场上级交往对于分配公平感具有显著的正向效应，系数为0.148并且在$p<0.001$水平下显著。我们可以据此算出累计概率比为86.2%。具体来说，职场交往每增加一个单位，选择不公平的概率减少13.8%。结果说明，个人与职场上级交往互动越频繁，个体的分配公平感就越强。作为职场交往的一种类型，职场上级交往对于分配公平感同样具有正向作用。模型3和模型4在基准模型上分别加入职场平级交往和下级交往两个自变量，两个模型自变量的系数均为正，分别为0.041和0.043，但是并不具有统计上的显著性。结果说明，与职场中平级和下级同事的交往并不影响个体对分配公平与否的感知。最后，我们将职场交往的三种类型同时放入模型，构建了一个全模型5来进一步验证。通过对比发现，模型2中职场上级交往变量对分配公平感的显著正向效应在模型5中仍然保持不变。职场上级交往的系数为0.161，并且具有高度的统计显著性。同时，与模型3和模型4结果一致，模型5中职场平级和下级交往变量对居民分配公平感的影响仍然不具有统计显著性。模型5稳定支持了模型2、

模型 3 和模型 4 的分析结果。

值得注意的是，职场交往的三种类型对于分配公平感并没有预想的那样均存在正向效应。其中，只有与职场上级交往越频繁才能显著提升个体的分配公平感，职场平级和下级交往对于个体分配公平感并没有影响，假设 5-2 并没有得到统计分析结果的支持。这种职场交往不同类型对于分配公平感显示出的影响差异部分证实了假设 5-3，职场上级交往比平级交往和下级交往对于分配公平感的作用确实更加强，不同的是这种正向影响在平级和下级交往中并不存在。

我们对比表 5-2 和表 5-3 的回归模型可以发现，事实上职场交往的正向作用只来自职场上级交往，职场平级和下级交往并不能有效地提升职场个体的分配公平感。这个结论的意义在于：首先，在一定程度上说明了将职场交往分类型详细探究的必要性。以往研究只将职场交往作为一个整体来分析的方法忽略了职场交往不同类型的作用特殊性，并不能真正反映职场交往作用的本质区别。将职场上级、平级和下级交往三者简单相加仅仅代表了职场交往的总体作用趋势，但是并不能反映职场交往不同类型本身所带来的影响差异。本研究同时挖掘职场交往及其三种不同类型的影响，有助于区分职场交往对分配公平感的作用差异，深入探讨分配公平感影响机制。其次，这一结论也揭示了不同职场交往类型的作用差异的内在机理是什么。职场交往所蕴含的职场位置关系差异才是职场社会网络建构和获得的真正来源。职场上级所代表的权威和资源通过职场上下级的交往来动员，与职场上级交往越频繁，更有利于个体职场社会网络的建构和社会网络资源的获取，最终提升个体的分配公平感。职场平级交往和下级交往所代表的仅仅只是职位的高低，与平级和下级交往更多展现的是信息的传递功能。这一过程并不能有效建构个体的职场社会网络和获得实质性的帮助，因而对于自身分配公平与否的评判并没有实质性的影响。最后，在研究职场交往对分配公平感的影响时，我们不仅要关注职场交往的过程，同时更应注重交往对象的差异。交往行为只是职场网络的建构和动员过程，职场交往的对象才真正决定了人们能从职场交往中获得什么样的资源。同时，区分职场交往的对象进一

第5章 职场交往对分配公平感的影响效应

步解释了职场的"金字塔"结构对于职场交往所带来的分配公平感知差异的重要意义。

5.5 本章小结

职业场域是收入及其公平感知的直接来源和重要情境，与职场中同事的交往、互动对于个体的分配公平感具有重要的建构意义。本章为实证部分的第一个章节，主要从职场交往角度探讨了职场网络对个体收入分配公平感的影响，利用数据检验了职场交往及其不同类型对于分配公平感的影响效应。研究认为个体通过职场交往构建起的职场网络为其提供职场网络资源和分配制度信息。一方面，个体通过职场中的人际交往达到职场网络资源获取的目的来帮助其职业发展，增加其对自身收入的满意程度从而提升分配公平感；另一方面，个体通过职场交往加深对企业分配制度的了解，降低由信息不通畅造成的分配不公的误判。以此，研究认为职场交往越频繁，收入分配公平感就越强。另外，不同的交往对象体现了个体职场网络结构的差异，本研究进一步探讨了职场交往类型对于分配公平感的不同影响。

针对研究假设我们对职场交往进行了两种划分：第一种，将职场交往作为一个整体来探究交往本身对职场网络的建构和分配公平感的影响作用。第二种，依据交往对象的差异，将职场交往分为上级交往、平级交往和下级交往三种类型。分别探讨三种类型对个体分配公平感的不同影响。研究利用 JSNET2014 数据对相关假设进行了验证，主要发现有：第一，职场交往对个体的分配公平感有显著的正向作用。职场交往越频繁，越倾向于认为自身的收入分配是公平的。第二，职场上级交往、平级交往和下级交往对于分配公平感的影响有差异。个体与职场上级交往对于分配公平感具有提升作用，而与平级和下级交往对于分配公平感并没有显著影响。

我们对比分析结果可以发现，职场交往对于个体收入分配公平感的正向作用实际上只来自职场上级交往。在获取优质职场网络资源的层面上，与职场平级和下级交往的效用远远不及与职场上级领导的交往。

结合以上两点结论有以下启示：在研究职场交往对公平感的作用时，职场交往的对象和过程同样重要。研究结论凸显出进一步探讨职场交往类型的必要性。将职场交往作为一个整体研究时，体现的是交往本身带来的总体网络资源，而与职场不同对象的对象则体现了职场网络结构的差异。职场交往对象的不同实际上蕴含的是职位高低所带来的网络资源差异。

第 ⑤ 章 职场交往对分配公平感的影响效应

职场上级交往对分配公平感的
影响机制

　　前一章探讨了职场交往对于收入分配公平感的影响及职场交往不同类型对于分配公平感的作用差异。结果验证了职场交往对于个体收入分配公平感的正向效应，即个体与职场中同事交往越频繁越倾向于认为自身的收入分配是公平的。同时，证明了不同类型的职场交往对公平感的影响存在作用差异，这种职场交往的正向效应主要源于与上级领导的交往，与职场中平级和下级同事的交往并不能有效提升个体的分配公平感。但是，仅仅了解职场交往与分配公平感的关系是远远不够的，我们存在进一步的疑问，怎样解释这种正向关系，这种正向关系怎样产生。也就是说，前文解决的是职场交往和分配公平感的关系问题，接下来我们想要解决的是如何影响的问题，即职场上级交往究竟如何影响个体对分配公平与否的感知？二者之间的关系路径都有哪些，我们应该如何去验证。职场交往对分配公平感的影响路径仍然有待我们更加深入的挖掘，尤其应厘清个体如何通过职场交往的现实状况对收入是否公平做判断的心理过程。

　　那么，我们据此产生疑问，为什么与职场上级交往越频繁个体越认为自己的收入分配是公平的？虽然我们在理论假设中给予了简要分析，认为与职场上级交往所得到的职场网络资源帮助劳动者实现职业良性发展和收入提升，因而使得劳动者对收入公平与否的评判持有更加积极的态度。然而，我们认为职场交往不仅对分配公平感有以上的直接决定作用，还可以通过不同的中间机制来影响分配公平感。职场网络中的个体在与同事不断互动的动态过程中产生对收入分配公平程度的认知，职场交往为其提供了公平判断的依据。第一，个体通过与上级交往的所得来评判自身既得利益的多寡；第二，个体将自己与职场网络中其他同事进行比较，形成收入公平与否的看法；第三，个体还可能通过职场交往对自己未来的地位产生预期，从而影响到现在个体对收入分配公平的感受。这些都与职场网络的功能相关，我们从这些可能的解释中寻找职场交往给个体带来的网络效应，以此来探究分配公平的感受从何而来。

　　本章的研究任务是在明确职场交往和分配公平感关系的基础上进一步探讨个体职场交往对分配公平感的影响机制。分析在职场网络中个体分配公平感知产生的来源，明确个人通过职场交往所建构的职场网络对于职场中个体的公平评判的影响过程。首先，我们根据可能路径的观点提出职场交往影响分配公平感的相关理论假设；其次，利用因果逐步回归的方法，对可能的影响路径分别加以检验，验证各种影响机制的解释力；最后，用 Bootstrap 中介效应分析方法进一步检验，确定职场交往影响分配公平感的中间机制。

6.1 职场网络的支持效应

　　社会支持网络作为社会网络研究的重要部分，强调基于人际交往形成的社会网络对个体提供的支持作用。已有研究表明社会网络发挥的支持作用包括向个体提供工具性帮助、正面赞扬、情感陪伴和为负面生活实践提供帮助（马丹，2015）。具体来说，这种社会网络的支持作用主要表现在以下三个方面。第一，从个体客观层面来看，嵌入在社会网络中的资源为个人提供帮助，解决生活和工作中的困难，带来经济效益。尤其体现在劳动力市场中发挥对正式制度的补充作用，比如，劳动者就业、企业的经营、流动人口的生活适应等方面。第二，从个体主观层面来看，社会网络可以帮助个体减缓精神压力，为逆境下的社会成员提供有效的精神缓冲。已有研究表明社会网络在促进人们的身心健康、提升幸福感和增加生活满意度等方面有着积极的作用。第三，从个体和社会关系来看，社会网络充当了保障体系的角色，有助于规范个人的行为和态度，缓解个体与社会的冲突，减轻人们对社会的负面看法，有利于维护社会稳定团结（贺寨平，2001）。

社会网络的支持作用也为本研究提供了一条理论路径。既然社会网络对于个体的支持功能可以对个体主观的感知提供正面影响，那么职场上级交往所建构的职场网络对于分配公平感的正向效应是否也是通过网络的支持功能来实现？因此，接下来我们探讨的问题是，从业者与职场上级交往是否通过社会网络的支持功能对自身的收入公平感知产生影响？这种支持作用主要体现在哪些方面？

社会支持理论认为社会网络可以为行动者提供支持和帮助，并且主要从三种角度探讨其支持效应。第一，行动者属性方面。主要关注社会支持的接受者和提供者的社会经济地位、性别等因素可能带来的差异，比如，女性在提供情感性支持方面比男性有优势。那么，从行动者属性来看，职场中的上级领导居于职场"金字塔"的顶端，掌握着更多的职场稀缺资源。相比来看，他比行动者权力等级更高，更有可能为其提供帮助和支持。由于职业交往对社会网络有形塑作用，尤其是互动交往越多越有利于个体获取网络中的有价值资源（郝明松、边燕杰，2014）。因此，个体与上级互动越频繁，越有可能获得来自上级的支持。第二，关系属性方面，包括关系强度和联系可及性等，比如，有研究发现联系可及性越强越有利于社会支持的获得（Plickert G. et al., 2007），关系越强越有助于获得工具性和情感性的社会支持。同时，职业的同质性与提供支持高度相关，具有类似职业的网络成员更可能和愿意提供社会支持（Wellman B. & Wortley S., 1990）。因而，鉴于职场上级与行动者具有相同或相似的职业类型，他手中掌握着与行动者职业发展密切相关的职场资源，可及性较强。总的来说，在工作场域中行动者需要紧急支持时，上级领导容易成为被动员的对象。第三，网络结构属性方面。这一层面主要包括网络构成和网络规模等，比如，从网络规模来看，网络成员的数量越多，越有助于获得情感性支持（Wellman B. & Wortley S., 1990）。

网络构成主要探讨网络成员的汇聚特征（例如，群体中的性别比例、平均联系次数以及职业声望等）带来的影响。从联系次数来说，由于频繁的接触可以获得更多的支持性关系（贺寨平，2001）。因此，如果行动者的职场互动中上级领导所占比例越多、与上级互动的频率越高，越有助于获得相应的社会支持。

社会支持理论倾向于将与职场上级交往互动看作个体获取社会网络资源的手段，通过与职场上级的交往可以为行动者带来更多的社会支持。职场上级交往作为社会支持网络，可能为行动者带来相应的利益回报，使其职业得到更好的发展，得到职位的晋升、工资的提升，从而使得行动者对自身收入产生更加积极的认知，即根据自利的心理认可自身收入分配的公平性。因此，我们可以据此提出职场网络支持作用假设。

假设 6 - 1：个体与职场上级交往通过网络的社会支持作用来影响自身的分配公平感知，即职场中与上级交往越频繁得到的网络支持就越多，从而提升个体的分配公平感。

如上所述，从业者通过与职场上级交往获得更多的网络支持，从而提升其收入分配公平感。那么，这种职场上级交往带来的网络支持主要表现在哪些方面呢？收入作为职场网络支持的工具性效应体现，不仅是劳动力市场结果的主要表征，同时也是从业者分配公平感知的直接来源。因此，我们将收入作为验证职场网络支持效应的中间变量。以下主要采取两个步骤来验证：第一，验证职场上级交往对于个体的收入的影响，来明确与职场上级交往是否能给个人带来网络的工具性支持。第二，我们验证收入和分配公平感之间的关系，进而为职场上级交往影响分配公平感提供中间逻辑链条。

6.1.1 职场上级交往与收入

职场作为个体收入来源的主要场域，与从业人员收入的获得和感知密切相关。其中，职场交往作为职场关系的象征影响着劳动力市场的结果（Bian Y. J. & Logan J. R.，1996）。职场交往形塑了职场网络，职场上下级通过对职场网络资源的交换、传递、动员来实现个体职业目标。在这一过程中，职场中与上级领导的交往承载着关系资源的合法性，影响人们对收入分配公平的判断。

林南（2005）的地位强度假设认为人们的社会地位与所拥有的社会网络资源成正比，也就是说，社会地位越高掌握的社会网络资源越多。从这一意义来说，职场上级位于职场"金字塔"的顶端，掌握着比下级更多的职场网络资源，比如，公司决策权、岗位晋升信息、人事任免权等。职场上下级的交往体现了非正式的交换关系，职场下级员工通过与上级领导的交往达到社会网络资源的动员、积累和使用。同时，职业交往的频繁程度反映了网络成员从网络中获取资源的可能性（边燕杰，2004），也就是说，职场上下级交往越频繁，就越有利于职场网络的建构以及职场网络资源的获取（郝明松、边燕杰，2014）。

社会网络兼具工具性和情感性的功能（林南，2005）。作为社会网络的一种特殊形式，职场网络对于职场中的个体也会产生情感支持和工具支持。其中，工具性支持指网络成员通过动员社会网络资源达到自己的工具性目标。因而，职场下级可以通过与上级领导的交往来动员职场中潜在的关系资源，为实现职业发展目标而寻求上级的帮忙、协助。比如，提供关于晋升岗位的信息，适时加以推荐等。最终，职场下级利用职场网络资源达到升职、加薪等有利于自身的结果。从职场网络的工具性效应来讲，职场上下级所代表的典型职场内部交往有利于提高员工的个人收入（刘伟峰等，2016）。因此，从以上分析可以得出，与职场上级交往越频繁越有利于职场网络资源的获取，最终实现个人收入的提升。

假设 6－1 A：与职场上级交往越频繁，越有助于提高个人的收入。

6.1.2　收入与分配公平感

分配公平感是个体对自身收入的主观感知，收入作为人们分配公平感知的主要对象，为人们对分配公平的评判提供了客观依据。分配公平感知是一个复杂的心理过程，人们对自己生活和社会进行观察，意识到自己和他人的收入的高低差异，对所在单位分配制度的合理性认知等因素都会影响到对自身收入分配公平与否的判断。基于此，有研究认为收入的作用并不是决定性的，主观经历和感知才是收入公平判断的主要来源（马磊、刘欣，2010）。诚然，客观的收入多寡并不能等价于分配既是公平的认知，但是我们并不能就此否定收入对于公平感的影响。因为，经济收入、职业地位和教育水平等客观社会位置仍是人们思考社会公平的出发点（翁定军，2010）。分配公平感的产生是主客观因素结合的产物，虽然人们依据生活经验对于收入通过主观建构产生不同的看法，但是个体对于分配公平的思考依然是建立在自身收入的基础上的。因此，对于分配公平感的研究并不能抛开客观收入只分析主观因素的作用。

那么，由职场交往带来的劳动收益是否会引起对分配公平的判断？基于自利理论的结构决定论为我们提供了一个解释的理由。作为一个理性人评判公平的准则是以物质主义的自利心理为导向的。人们判断公平与否的观点往往与自己所得到的利益相关，判断事物以自身的利益最大化作为依据（Sears D. O. & Funk C. L.，1991）。也就是说，个体对于分配是否公平的感受取决于在分配过程获得利益的多少。如果在这一过程中获利多则认为现有收入分配体系是公平的，反之则会认为分配不公平（Ng S. H. & Allen M. W.，2005）。因为，那些占据优势地位的社会群体或个人会维护现有的分配体系以避免既得利益受损，而占据劣势地位的社会群体则反对现有的分配体系以期获得更多的利益。

当聚焦到职业场域中时，职场中的从业者评判收入分配公平与否依然可以依据自利的理论。从业者的收入高低使得他们对于收入分配公平具有不同的评判。收入高的从业者对现有分配制度更加支持，倾向于认为自身的收入所得是公平的。反之，收入低的个体越倾向于认为所在的企业收入分配制度不合理，从而认为收入分配是不公平的。基于职业交往的职场社会网络为从业者提供了有利的网络资源，在与职场上级交往过程中了解了更多的晋升信息，在人事任用过程中得到帮助。这个过程通过职场网络的支持实现职业向上发展目标，尤其提升了从业者的职业收入。这一现实收入所得使得人们会基于自身利益的考虑支持现有的企业分配制度，从而认为自身的收入分配是公平的。因此，职场中的个体会因为自己收入越高越认可现有分配的公平性。研究将收入作为职场上级交往影响个体分配公平感的一项重要中介因素，根据理论分析提出以下假设。

假设 6 - 1 B：个人的收入越高，越容易产生自身收入分配公平的认知。

根据上述理论假设的基本观点，职场上级交往过程中获得的网络支持使得个体提升了收入，从而产生对自身分配公平感知的积极认知。收入成为连接职场上级交往和分配公平感之间的中间机制之一，行动者通过与职场上级的交往影响自身的收入，从而形塑他们的分配公平感。因此，我们用图 6 - 1 来表示职场上级交往、个体收入和分配公平感三者之间的逻辑关系。值得注意的是，职场上级交往→收入→分配公平感只是分配公平感影响路径的其中一种，我们用实线箭头表示这一理论预设，并用虚线箭头来表示可能存在的其他影响因素。

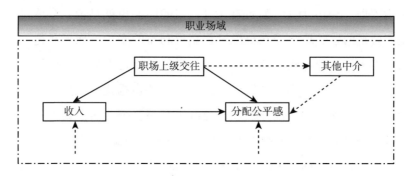

图 6 - 1　职场上级交往、收入与分配公平感影响路径

假设 6 - 1 C：职场上级交往通过增加个体收入提升人们的分配公平感。

6.1.3　实证分析结果

我们构建了职场上级交往影响个体收入的多元线性回归模型，探讨职场上级交往是否对收入具有理论假设 6 – 1A 所述的正向效应。表 6 – 1 为个体收入对数的多元回归结果，模型 1 为只加入控制变量的基准模型，模型 2 在模型 1 的基础上加入了职场上级交往变量。从模型的拟合优度来看，R^2 从 0.289 上升到 0.295，加入主要自变量后模型的拟合度有所提升；从模型诊断来看，BIC 值从 10228 降低到 10198，嵌套模型之间有显著差异（BIC > 10），模型 2 相比模型 1 来说有很大的改进。

表 6 – 1   职场上级交往影响收入（对数）的多元线性回归模型

变量名	模型 1：基准模型		模型 2：＋上级交往	
	系数	标准误	系数	标准误
性别（参照：女性）	0.302 ***	(0.024)	0.298 ***	(0.024)
年龄	0.023 **	(0.007)	0.026 ***	(0.007)
年龄平方	– 0.033 ***	(0.008)	– 0.036 ***	(0.008)
婚姻状况（参照：未婚）	– 0.098 *	(0.039)	– 0.103 **	(0.039)
户口类型（参照：农业）	– 0.028	(0.043)	– 0.024	(0.043)
政治面貌（参照：非党员）	0.020	(0.032)	– 0.003	(0.033)
教育年限	0.082 ***	(0.005)	0.080 ***	(0.005)
职业地位	0.009 ***	(0.001)	0.008 ***	(0.001)
单位类型（参照：体制内）	0.125 ***	(0.028)	0.106 ***	(0.028)
区域特征（参照：内陆）	0.247 ***	(0.024)	0.249 ***	(0.024)
职场上级交往			0.076 ***	(0.012)
截距项	8.473 ***	(0.161)	8.237 ***	(0.165)
R^2（拟合优度）	0.289		0.295	
BIC（嵌套模型检验）	10228		10198	
样本量	4370		4370	

注：双尾统计检验显著度：†$p < 0.1$，* $p < 0.05$，** $p < 0.01$，*** $p < 0.001$。

模型 2 的结果显示，职场上级交往变量对于个体的收入显示出正向影响。换句话说，与职场上级交往越密切的个体其收入越高。具体来说，模型 2 中职场上级交往的回归系数为 0.076，并且在 $p < 0.001$ 水平下显著。当其他条件保持不变时，职场上级交往的频率每增加一个单位，收入提升 7.9%（$\exp^{0.076} – 1$）。结果表明，个体在职场中与上级交往越频繁，得到职场网络的工具性支持就越多，具体表现为个体实际收入的提升，

数据支持了假设 6 – 1A 的基本观点。

另外，统计结果显示人们的收入还受到多种因素的影响，控制变量的回归结果也显示出一定的意义。男性从业者比女性从业者的收入高出 34%，随着年龄增加收入也有增长，年龄每增加一岁，收入增加 2.6%（$\exp^{0.026} - 1$）。人力资本也是影响收入的重要因素之一，受教育年限每增加一年，收入随之增加 8.3%（$\exp^{0.080} - 1$）。个体的职业地位每增加一个单位，收入提升 0.8%（$\exp^{0.008} - 1$）。与体制内从业者相比，体制外从业者的收入比其高 11.2%（$\exp^{0.106} - 1$）。沿海地区比内陆地区的从业者收入高 28.3%（$\exp^{0.249} - 1$）。

验证了职场上级交往对收入的正向影响后，我们根据理论假设进一步分析职场上级交往是否通过收入来影响分配公平感，即"职场上级交往→地位期望→分配公平感"这一路径是否存在。通过建立表 6 – 2 所示三个定序逻辑回归的嵌套模型，探讨城市居民分配公平感的影响因素。其中模型 1 为职场上级交往模型，在控制变量基础上加入职场上级交往变量。模型 2 为收入模型，在控制变量基础上加入了收入变量。模型 3 为联合模型，在控制变量基础上同时加入了职场上级交往和收入变量。

表 6 – 2　　　　　　职场上级交往、收入影响分配公平感的定序逻辑回归模型

变量名	模型 1 职场上级交往模型	模型 2 收入模型	模型 3 联合模型
性别 （参照：女性）	0.184 ** （0.057）	0.141 * （0.058）	0.138 * （0.058）
年龄	– 0.065 *** （0.018）	– 0.074 *** （0.018）	– 0.070 *** （0.018）
年龄平方	0.059 ** （0.019）	0.070 *** （0.019）	0.065 *** （0.019）
婚姻状况 （参照：未婚）	0.321 *** （0.092）	0.346 *** （0.092）	0.337 *** （0.092）
户口类型 （参照：农业）	– 0.189 † （0.104）	– 0.195 † （0.102）	– 0.189 † （0.104）

续表

变量名	模型 1	模型 2	模型 3
	职场上级交往模型	收入模型	联合模型
政治面貌	0.190 *	0.224 **	0.193 *
（参照：非党员）	(0.079)	(0.078)	(0.079)
教育年限	0.021 †	0.011	0.009
	(0.012)	(0.012)	(0.012)
职业地位	0.008 ***	0.008 ***	0.007 ***
	(0.002)	(0.003)	(0.002)
单位类型	0.094	0.105	0.079
（参照：体制内）	(0.066)	(0.065)	(0.066)
区域特征	0.021	− 0.030	− 0.023
（参照：内陆）	(0.058)	(0.059)	(0.059)
职场上级交往	0.112 ***		0.095 **
	(0.030)		(0.030)
收入		0.169 ***	0.157 ***
		(0.038)	(0.039)
阈值			
1	− 3.382 ***	− 2.318 ***	− 2.118 ***
	(0.396)	(0.500)	(0.503)
2	− 1.588 ***	− 0.518	− 0.317
	(0.391)	(0.497)	(0.501)
3	0.045	1.117 *	1.322 **
	(0.391)	(0.498)	(0.502)
4	3.045 ***	4.115 ***	4.323 ***
	(0.398)	(0.504)	(0.508)
Pseudo R^2	0.0135	0.0140	0.0155
样本量	4370	4370	4370

注：双尾统计检验显著度：$†p<0.1$，$*p<0.05$，$**p<0.01$，$***p<0.001$。

从模型 1 职场上级交往对收入分配公平感的影响作用来看，职场中与上级交往越频繁，个人的收入分配公平感就越高。具体来说，职场上级交往系数为 0.112，在 $p<0.001$ 水平下显著。据此得出，累计概率比为 $\exp^{-0.112}$，即 0.89。说明职场上级交往的频率每增加一个单位，人们选择收入分配不公平的概率下降 11%。结论表明，职场上级交往变量对于

分配公平感有较强的解释力。虽然职场上级交往对于分配公平感的正向效应在前一章中已经得到了验证，在此我们将其作为模型 1 并不是重复验证职场上级交往对分配公平感的总效应，主要目的是根据嵌套模型的系数和显著度来判断是否职场上级交往对于分配公平感的影响部分来源于收入。

模型 2 在控制变量的基础上加入了收入变量。结果显示，模型 2 中收入的系数为 0.169，并且在 $p < 0.001$ 条件下显著。表明个体收入的增加对于分配公平感的提升具有显著的正向作用。具体来说，收入每增加一个单位，人们选择不公平的概率减少 16%。假设 6 – 1B 得到数据支持。

在模型 3 中，由于同时放入了职场上级交往和收入变量，模型的系数和显著性相较于模型 1 和 2 来说发生了变化。主要表现为在加入收入变量后，职场上级交往变量的显著性和系数都有降低。职场上级交往的系数从 0.112 下降到 0.095，结果在 $p < 0.01$ 水平下显著。收入的系数略降低，显著性没有变化。

综合表 6 – 1 和表 6 – 2 的模型结果，根据因果逐步回归的基本原理，我们可以得出收入是职场上级交往和分配公平感之间的中间变量，即职场上级交往部分通过收入来影响人们对收入分配公平与否的判断。假设 6 – 1C 得到了数据验证，职场上级交往对于分配公平感的正向效应，部分是通过职场网络对个体的社会支持实现的。职场上级交往过程中形成的职场网络有助于个体职业收入的提升，从而增强其收入分配公平感。至此，假设 6 – 1 得到验证。

6.2　职场网络的表达效应

个体的社会网络同时具有工具性和表达性功能（林南，2005）。工具性功能侧重目的性因素，是指个体为实现某些目标将行动指向更好资源的人，在社会网络中寻找和获取有价资源，通过工具性行动希望达到增加资源、产生利润等既定目标。表达性功能则侧重于情感性因素，指人们在社会网络中可以获得由其他网络成员带来的情感支撑、认同以及分享等，通过表达性行动期望与他人达到情感上的共鸣，交换自己的想法。工具性功能比较好理解，利用网络求职、晋升等都是工具性功能的体现。可以说，工具性行动的手段和目的是不一致的，如求职过程中寻找帮助的社会交往是手段，而找到工作是目的。表达性功能如向他人倾诉寻求认可，那么沟通行为本身既是手段也是目的。作为社会网络的一种重要类型，职场网络同样具有工具性功能和表达性功能。我们将其置于职场上级交往过程来讲，工具性效应是指职场上级交往对行动者直接的资源赋予或间接地帮助作用。与上级互动频率的加强，有助于行动者获得更多收入、福利或者培养机会等。上一小节中职场上级交往使得个体收入提升便体现了职场网络的工具性功能，这种利益的实现引发个体提升了对自身分配公平的认知。

除此之外，职场与上级交往的表达性功能会影响个体对自身所利用资源能达到效果的主观预期，从而影响个体的分配公平感知。与上级交往的过程同时是上下级情感建立，了解下级工作能力，培养晋升过程合法性的过程。通过与上级的情感互动，使得上级领导认识到并同意行动者对其资源的需求。上级领导对于行动者的鼓励、认可、赞许无形中提供了一个积极信号：一方面，行动者的工作能力得到肯定；另一方面，行动者有可能将会得到上级领导的帮助从而实现职业目标。因此，他们认为自己有向"金字塔"上层发展的机会，相信通过努力可以提升自己的职位和收入，对未来有着积极的心理预期。虽然，这种职场网络带来的表达性效应并不像工具性效应一样使得个体得到客观的利益，从而达到利己的公平判断。但是对于个体来说它比工具性效应更加重要（林南，2005）。因为，工具性行动含有情感因素，职场网络的表达性功能往往能促进工具性的功能。因此，从客观层面上讲，虽然行动者在这一过程中可能职位和收入并没有真正提高，但是从主观层面上的确使得个人抱有较高的心理预期，使得个人对未来充满希望，对于收入分配差距持有更多的包容心理，从而弱化了行动者对现有收入分配的不公平感（胡建国，2012）。因此，职场上级交往所形成的职场网络具有表达性功能，它对个体的收入分配公平感产生正面影响。

林南的强关系强度命题认为，关系越强越有利于表达性行动的成功（林南，2005）。这种关系的强度指交往的频率、互惠和承认的义务等（Granovetter M. S.，1973）。也就是说，与职场上级互动频率的增加，有利于获得上级对其情感的建立，工作能力的了解，培养晋升过程的合法性。从个体来讲，个体与上级交往越多越有可能产生未来获得"金字塔"中更高层次位置的期望和信心，同时有助于行动者维持和加强这种有利于自己晋升的社会交往。据此，我们提出职场上级交往影响分配公平感的第二条路径。

假设 6 – 2：个体与职场上级交往通过网络的表达性效应来影响自身的分配公平感知，即职场中与上级交往越频繁越容易产生对自身的积极预期，从而提升个体的分配公平感。

6.2.1 职场上级交往与地位期望

职场上级交往的工具性功能使得人们在职场中得到现实的利益，而表达性功能主要是从心理层面得到情感上的强化和认同。那么，这种表达性效应对于行动者的主要影响是什么？个体从心理层面进一步产生对自身可利用资源所达到结果的预期，也就是地位获得的意识倾向。这种意识倾向意味着个体积极追求地位还是消极保守甘于平庸，与上级交往的过程中形塑了个体的地位追求意识，而这种意识倾向的个体差异又会导致人们对于公平持不同的态度。

功能主义强调社会的不平等不可避免，据此来保证社会重要位置由有能力和资格的人来承担（Davis K. & Moore W. E.，1945）。因而，社会中的个体尽可能追求更好的社会资源，争取处于优势地位。而这种地位获得意识使得职场中人们与职场上级交往谋求更好的职场网络资源，反过来这种与职场上级交往的行为又会促进人们更加具有地位获得意识。一方面，地位追求意识与交往对象有关。与比自己地位高的人有密切交往关系，则越具有地位追求意识（张海东，2004）。职场中与上级领导的交往正体现了这一点，与上级领导的交往过程引发了个体的效仿心理，越是上级领导频繁交往，越能认识到"金字塔"顶端的优越性，从而激发了个体对地位的渴望和追求。另一方面，地位追求意识与获得的资源有关。拥有较高社会资源的人，就越具有地位追求意识（张海东，2004）。职场个体与上级交往过程中能够从中获得和利用的职场资源越多，越认为自己有达到预期地位的手段，个体认为自身向上发展的机会越大，从而对未来的社会地位预期越高。综上所述，与上级交往越密切，越是对地位具有渴望心理，同时认为自己有条件达到目标，从而提升了个体对未来地位的期待。

假设 6 – 2 A：个体与职场上级交往越频繁，越有助于提高对自身未来的地位期望。

6.2.2　地位期望与分配公平感

在个体感受的影响因素中，主观认知因素往往比客观因素的影响更大（Macleod J. et al.，2005）。正如既有研究产生为什么社会经济地位高的民众分配公平感却反而低的困惑，尤其是处于社会底层的农民分配公平感反而比城市居民高（怀默霆，2009）。这说明，人们判断自身收入分配公平的依据并不完全是客观因素，主观层面的感受也发挥了重要作用。其中，对于自身社会地位的认知也是影响公平感知的重要因素（王甫勤，2010）。人们对于自身社会地位的客观变动未必会影响到分配公平感知，更为重要的是人们对未来社会地位的主观期待和认知以及实现这种期待的可能性会影响人们对于当下分配体系的合法性认可。当人们认识到未来并不会达到期望的社会地位，或是没有足够手段实现这种可能时，就会产生不满和矛盾的心理冲突（王培刚，2008）。这里所说的对于未来的期待指的是主观地位预期，它是人们根据现有经济、能力和资源等状况对自身未来地位的估计。当人们的主观地位期望越低时，往往产生对未来的负面情绪，因而对分配公平认知持有消极态度。反之，对未来自身的地位估计越高，越容易产生自我肯定和积极的心态，从而产生较强的分配公平感。另外，地位期望对于现实的不满意、不公平具有调节作用。那些具有地位追求意识的行动者，尤其是认为自己未来社会地位要上升的人们，越倾向于对现有收入分配持有乐观态度（张海东，2004；王培刚，2008）。因为，较高的地位期望可以缓解和降低现实中对收入和职位不满意的心理冲突。从职场场域来看，个人对于未来的社会地位的认知也会影响对于当下收入分配公平的判断，如果个人对自身的地位预期越乐观，意味着个体在主观层面上对职位晋升、收入提升等职业发展越有信心，对现有分配体系就越认同。据此，我们提出以下假设。

假设6－2 B：个人的地位期望越高，越容易产生自身收入分配公平的认知。

根据上述理论假设的基本观点，职场上级交往过程形塑人们的地位意识形态，从而影响个人对于收入分配公平的感知。也就是说，与上级领导交往越频繁，越容易有地位追求意识，提高对未来地位的心理预期，因而对收入分配的评价越积极。地位期望成为职场上级交往和分配公平感的中间变量。我们用图6－2来表示职场上级交往→地位期望→分配公平感这一路径。值得注意的是，地位期望成为连接职场上级交往和分配公平感之间的中间机制之一，因此我们用实线箭头表示这一理论预设，并用虚线箭头来表示可能存在的其他影响因素。根据图6－2我们提出以下假设。

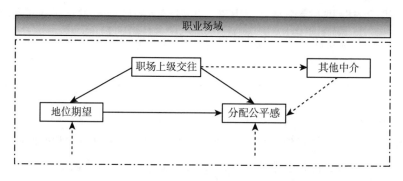

图6－2　职场上级交往、地位期望与分配公平感影响路径

假设6－2 C：职场上级交往通过提高个人对未来的地位期望来提升人们的分配公平感。

6.2.3　实证分析结果

表 6-3 为职场上级交往影响地位期望的多元线性回归模型，用于探讨职场上级交往是否对地位期望具有正向效应。由于因变量地位期望为连续变量，因而我们拟合两个多元线性回归模型来检验假设 6-2A 是否成立。模型 1 为基准模型，只加入了性别、年龄等控制变量，模型 2 在模型 1 的基础上加入了核心自变量职场上级交往。我们先对模型的总体情况予以说明。从模型的拟合优度来看，R^2 从 0.130 上升到 0.147，说明加入核心自变量后模型的拟合度有所提升；从模型诊断来看，BIC 值从 17926 降低到 17898，两个模型 BIC 的差值大于 10，说明嵌套模型之间有显著差异，模型 2 相比模型 1 来说有很大的改进。

表 6-3　　　　职场上级交往影响地位期望的多元线性回归模型

变量名	模型 1：基准模型		模型 2：+ 上级交往	
	系数	标准误	系数	标准误
性别 (参照：女性)	-0.241***	(0.060)	-0.253***	(0.060)
年龄	-0.090***	(0.019)	-0.080***	(0.019)
年龄平方	0.069***	(0.020)	0.060**	(0.020)
婚姻状况 (参照：未婚)	-0.198*	(0.100)	-0.215*	(0.099)
户口类型 (参照：农业)	-0.013	(0.111)	-0.004	(0.111)
政治面貌 (参照：非党员)	0.061	(0.082)	0.002	(0.082)
教育年限	0.080***	(0.012)	0.073***	(0.012)
职业地位	0.013***	(0.002)	0.011***	(0.002)
单位类型 (参照：体制内)	0.039	(0.070)	-0.012	(0.070)
区域特征 (参照：内陆)	0.309***	(0.061)	0.310***	(0.061)
职场上级交往			0.190***	(0.031)
截距项	5.818***	(0.409)	5.216***	(0.419)
R^2 (拟合优度)	0.130		0.147	
BIC (嵌套模型检验)	17926		17898	
样本量	4282		4282	

注：双尾统计检验显著度：†$p<0.1$，*$p<0.05$，**$p<0.01$，***$p<0.001$。

下面我们来看模型的分析结果，模型2在基准模型的基础上加入了职场上级交往变量，结果显示，职场上级交往变量对于个体的地位期望显示出正向影响。换句话说，与职场上级交往越密切的个体对未来地位期望越高。具体来说，模型2中职场上级交往的回归系数为0.190，并且在p < 0.001水平下显著。说明当其他条件保持不变时，职场上级交往的频率每增加一个单位，地位期望提升20.9%（$\exp^{0.190} - 1$）。结果表明，个体在职场中与上级交往越频繁，对自身未来的地位期望就越高，数据支持了假设6 - 2 A的基本观点。

控制变量的回归结果也具有一定的统计学意义，人们的地位期望还受到多种因素的影响。男性从业者比女性从业者的地位期望低22.4%（$1 - \exp^{-0.253}$）。人力资本也是影响地位期望的重要因素之一，受教育年限每增加一年，地位期望随之升高7.6%（$\exp^{0.073} - 1$）。个体的职业地位每增加一个单位，地位期望提升1.1%（$\exp^{0.011} - 1$）。沿海地区比内陆地区的从业者地位期望高36.3%（$\exp^{0.310} - 1$）。另外，户口类型、政治面貌、单位类型对于个体的地位期望并没有显著影响。

为了有效检验"职场上级交往→地位期望→分配公平感"这一职场网络表达性效应的路径，我们构建了职场上级交往、地位期望与分配公平感之间的三个定序逻辑回归模型（见表6 -4）。三个模型从左至右依次为职场上级交往模型，地位期望模型和联合模型。模型1为职场上级交往模型，在控制变量基础上加入职场上级交往变量。模型2为地位期望模型，在控制变量基础上加入了地位期望变量。模型3为联合模型，在控制变量基础上同时加入了职场上级交往和地位期望变量，检验地位期望变量的加入是否改变职场上级交往对于公平感的影响效应。

表6 -4　　职场上级交往、地位期望影响分配公平感的定序逻辑回归模型

变量名	模型1	模型2	模型3
	职场上级交往模型	地位期望模型	联合模型
性别 （参照：女性）	0.205 *** (0.057)	0.231 *** (0.057)	0.222 *** (0.057)

变量名	模型 1	模型 2	模型 3
	职场上级交往模型	地位期望模型	联合模型
年龄	-0.068 ***	-0.069 ***	-0.064 ***
	(0.018)	(0.018)	(0.018)
年龄平方	0.064 ***	0.066 ***	0.061 **
	(0.019)	(0.019)	(0.019)
婚姻状况 (参照：未婚)	0.327 ***	0.355 ***	0.342 ***
	(0.093)	(0.093)	(0.093)
户口类型 (参照：农业)	-0.207 *	-0.218 *	-0.212 *
	(0.106)	(0.105)	(0.106)
政治面貌 (参照：非党员)	0.171 *	0.209 **	0.173 *
	(0.079)	(0.078)	(0.079)
教育年限	0.021 †	0.019	0.016
	(0.012)	(0.012)	(0.012)
职业地位	0.008 ***	0.008 ***	0.007 **
	(0.002)	(0.002)	(0.002)
单位类型 (参照：体制内)	0.062	0.095	0.061
	(0.066)	(0.066)	(0.066)
区域特征 (参照：内陆)	0.020	-0.009	-0.005
	(0.059)	(0.059)	(0.059)
职场上级交往	0.129 ***		0.118 **
	(0.030)		(0.030)
地位期望		0.077 ***	0.072 ***
		(0.015)	(0.015)
阈值			
1	-3.418 ***	-3.421 ***	-3.080 ***
	(0.401)	(0.398)	(0.408)
2	-1.655 ***	-1.651 ***	-1.308 ***
	(0.397)	(0.393)	(0.404)
3	-0.021	-0.015	0.332
	(0.396)	(0.393)	(0.403)
4	2.994 ***	3.000 ***	3.352 ***
	(0.403)	(0.400)	(0.410)
Pseudo R^2	0.0137	0.0145	0.0158
样本量	4282	4282	4282

注：双尾统计检验显著度：$†p<0.1$，$*p<0.05$，$**p<0.01$，$***p<0.001$。

第 ⑥ 章　职场上级交往对分配公平感的影响机制

从模型 1 职场上级交往对收入分配公平感的影响作用来看，职场中个体与上级交往越频繁，个人的收入分配公平感越高。具体来说，职场上级交往的系数为 0.129，在 p < 0.001 水平下显著。据此得出，累计概率比为 $\exp^{-0.129}$，即 0.87。说明职场上级交往的频率每增加一个单位，人们选择收入分配不公平的概率下降 13%。结论与上一节中的结果一致，职场上级交往变量对于分配公平感有较强的解释力。

模型 2 在控制变量的基础上加入了地位期望变量，检验地位期望对于分配公平感的解释力。结果显示，模型 2 中地位期望的系数为 0.077，并且在 p < 0.001 条件下显著。具体来说，地位期望每提升一个单位，人们选择不公平的概率减少 8%（$1 - \exp^{-0.077}$）。表明个体的地位期望对于分配公平感的提升具有显著的正向作用，个体对将来的地位的预期越高，分配公平感就越强。假设 6 - 2B 得到数据支持。

在联合模型 3 中，由于同时放入了职场上级交往和地位期望变量，模型中各变量的系数和显著性发生了变化。对比模型 1 和 3 后可以发现，在加入地位期望变量后，职场上级交往与分配公平感之间的正向效应有所降低，即职场上级交往的系数从 0.129 下降到 0.118，结果在 p < 0.01 水平下显著。由此可知，模型 1 中职场上级交往的正向效应有部分来自个人的地位期望。

综合表 6 - 3 和表 6 - 4 的模型结果，根据因果逐步回归的基本原理，我们可以得出地位期望是职场上级交往和分配公平感中介变量的假设成立，即职场上级交往部分通过地位期望来影响人们对收入分配公平与否的判断。假设 6 - 2C 得到了数据验证。也就是说，职场上级交往对于分配公平感的正向效应，部分是通过职场网络对于个体的表达性效应实现的。职场上级交往过程中形成的职场网络有助于个体提升自身对未来的地位期望，从而增强其收入分配公平感。至此，假设 6 - 2 得到验证。

6.3 职场网络的比较效应

经典局部比较理论将他人作为参照进行比较后的地位高低作为人们

评判主观态度的主要依据（Gartrell C. D.，1982）。人们不仅会根据所处客观位置或者是自身所得来评判公平与否，而且会将自己的收入、地位等与参照群体进行比较，如果比较的结果处于劣势地位则会产生不公平的判断（Wegener B.，1991）。既有对分配公平感的研究也沿用了这一逻辑，认为个体对收入分配公平的判断是与参照对象的比较而形成。从这个意义上来说，个体分配公平感的高低主要取决于他选择的参照群体。那么，如何选择参照群体成为分配公平感比较机制的难点和重点。国内学者将参照群体进行了多维度拓展，分配公平感的参照对象大致分为自我的纵向参照和与他人的横向参照两大类。自我的纵向参照包括生命历程的变化、个体的社会流动状况、过去的社会经济地位状况（马磊、刘欣，2010）等。与他人的横向参照包括社会共识和评价、与他人的相对位置距离等。值得注意的是，局部比较对于分配公平感的作用机理为我们留下了一定的挖掘空间，尤其是对于参照群体的考察。第一，缺乏将横向参照的对象进行具体化。虽然与他者的横向比较研究认识到了人的社会属性在公平认知中的重要性，突破了研究通常将个体视为孤立的经济人的范畴。但是，这种与泛泛他者的比较并没有考虑到个体公平感形成中他者的特殊性。正因为社会比较常常嵌入在个体的社会网络中，日常交往的社会网络成员无疑会成为人们最可能使用的参照群体，比如个体日常互动的亲戚、朋友和同事等。也就是说，这种局部比较是群体内部"圈内人"之间的比较，而不是与泛泛的社会大众相比较。因而，基于个人核心网络中与相熟人的比较更加符合现实情境。第二，已有参照对象的选择忽略了人们作为社会行动者的交往互动因素。人们的比较行为并不是凭空产生，而是与社会网络中的成员交往、互动的结果，个体基于与日常网络成员的交往、互动形成与他人的对比参照，从而判断自身收入是否公平。以往研究将人们置于一种静止的机械比较，没有注意到人际间的交往作为背景因素对于局部比较的意义所在，尤其是为何选定某一群体作为比较对象的背后逻辑。

基于以上问题，我们试图从职业场域中的互动交往出发来研究局部比较对于分配公平感的解释机制，弥补以往研究对于怎样选择参照对象和如何比较的问题的解释不足。第一，人们对于参照对象的选择与社会身份有关（庄家炽，2016），尤其容易与类似社会化经历的人相比较（Stolte J. F.，1983）。那么，人们的职业身份以及职场经历相似的情况下更具有可比性。个体职场网络中的同事具有同质性的工作环境和职业境遇，使得人们更容易将其作为参照对象。第二，收入产生的直接场域是职场，与职业群体的对比是分配公平感的首要来源（李煜和朱妍，2017）。因此，职业群体是核心参照群体，尤其是与同事的收入、晋升等职业结果进行比较产生公平感的判断。人们将自己的处境与职场内部的同事相比，如果在资源获得上处于劣势，则会产生不公平感。如果处于比较优势则会产生收入公平的感知。那么，人们可能进一步追问，这种资源获得的来源是什么。职场中的社会交往为我们提供了一条可行的道路，并且帮助我们了解个体如何在交往过程中进行相互比较从而影响公平感知的心理活动。职场人际交往往伴随着网络资源的维护、传递和动员过程，尤其是与上级领导的交往蕴含着丰富的职业资源。与职场上级互动更容易对"金字塔"顶端的资源进行动员和利用，从而有利于自身的职业发展，认为自己与其他同事相比更具有优势，实现自身公平感的提升。另外，与职场上级的交往距离会影响比较的结果（Song L. J.，2015），也就是说与职场上级交往越频繁，越容易在与同事的比较中处于优势地位，从而持有更高的分配公平感。

假设 6 - 3：个体与职场上级交往通过职场网络中与同事的局部比较来影响自身的分配公平感知，即职场中与上级交往越频繁越容易认为自身比同事更具比较优势，从而提升个体的分配公平感。

6.3.1 职场上级交往与晋升速度

以往利用局部比较理论对于分配公平感的解释往往只关注比较的对象和结果对于分配公平感的影响，即"和谁比较""怎样比较"的问题。然而，并没有探究比较的目的是什么，也就是说忽略了行动者的主观能动性，即"为什么比较"的问题。作为职场的主体，个体在职场

"金字塔"结构中的位置成为重要考量，职位的高低对于个体具有重要的意义，职位的高低之分直接影响职场资源的多寡、收入的差异以及福利待遇的区分。作为职场中的一员抱有对金字塔顶端的渴望，在现实中也会通过各种方式实现向上流动的目标。职场同事作为同质性的职业群体，在职场中形成以职业发展为目标的共同体，同时也成为职场利益的竞争者。同一企业、同一部门的同事更容易成为职业发展的比较参照对象，收入、晋升等职业结果往往成为他们比较的内容。因而，同事之间的相互比较是职场结构造成的，也是个体对这一结构能动性的主观反映。

职场"金字塔"的客观结构中职业资源有限，职场同事的竞争除了个人的能力因素外往往体现了职场资源的优劣对比。伯特将社会网络资源作为竞争优势的隐喻，并且这种竞争的优势来源于个人的社会网络（罗纳德·伯特，2008）。然而，可使用的资源并不一定由行动者本身占有，而是可以通过关系纽带来摄取、借用他人的资源（郭毅等，2003）。因此，为了在竞争中占据优势，职场个体从上级领导动员和获取资源成为必要，与职场上级交往的社会互动行为在这一过程提供了现实可能性。职场"金字塔"结构使得职场资源集中在职场上级的手中，个体与其交往的过程增加了获得资源的可能，因而更容易认为自己在与同事比较中处于优势。因此，与上级的交往过程体现了对于职场优势资源获取的能力，它是职场个体能动性的体现，它在客观上帮助个体更容易获得职场的优质资源，帮助其达到晋升的目标，在主观上实现个体与同事相比的竞争优势。

假设 6 - 3 A：与职场上级交往越频繁，越容易认为比其他同事晋升速度快。

6.3.2 晋升速度与分配公平感

组织公平研究者认为职场内部的资源分配状况会显著影响员工的微观分配公平感，通过与同事的参照形成对自身收入所得公平与否的判断

（Beck J. H. , 2005）。职场中社会位置的变化影响职场个体的社会态度。由于职场的金字塔结构决定了资源更多集中在拥有高职位的群体中，因而人们在职场中的晋升过程随之而来的是收入和福利待遇的增加。这一过程使得人们在分配体系中获得更多的利益并且改变了以往的不利地位，因而更加维护现有的分配体系。个体在与同事的比较中形成对于自身所处位置的判断，尤其是职场中晋升速度的比较，它代表着谁更容易在职场竞争中处于优势地位。值得注意的是，这里的晋升速度快慢是个人对自己和同事的主观判断，不一定与客观的晋升速度相一致。正是这一主观性认知体现了个体对于职场网络资源获得可能的预判，因而与职场中交往活动对于资源的传递和动员息息相关。如果与其他同事相比，认为自己的晋升速度比他人慢，则会形成利益受损的不公平感。反之，如果在与其他同事比较时认为自己具有晋升速度的优势，则会倾向于认为自身收入分配公平的认知。据此提出以下假设。

假设 6 - 3 B：个人与同事相比晋升速度越快，越容易产生自身收入分配公平的认知。

根据上述理论假设的基本观点，职场上级交往过程影响个体与同事间的晋升速度的比较，从而影响个人对于收入分配公平的感知。也就是说，与上级领导交往越频繁，越容易认为自己比同事具有晋升优势，从而产生对收入分配的公平判断。晋升速度成为职场上级交往和分配公平感的中间变量。我们用图 6 - 3 来表示职场上级交往→晋升速度→分配公平感这一路径。

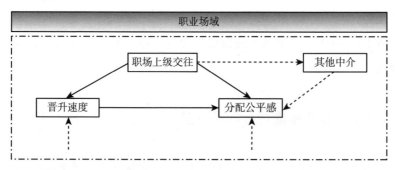

图 6 - 3　职场上级交往、晋升速度与分配公平感影响路径

（左侧竖排）职场交往与收入分配公平感研究：基于社会网络的视角

据此提出以下假设：

假设6-3 C：职场上级交往过程中个体容易形成与同事晋升速度的比较优势，从而提升个体的分配公平感。

6.3.3 实证分析结果

为考察与上级交往如何影响职场中个体与同事的局部比较过程，我们建立了表6-5所示的多分类逻辑回归模型。我们将与同事相比的晋升速度作为因变量，其中将未晋升的人群视为参照类，模型输出了与同事相比晋升更慢、差不多以及更快三个类别的回归结果。

表6-5　　职场上级交往影响晋升速度的多分类逻辑回归模型

变量名	更慢/未晋升	差不多/未晋升	更快/未晋升
性别（参照：女性）	1.045 *** (0.188)	0.551 *** (0.090)	0.562 *** (0.115)
年龄	0.078 (0.061)	0.026 (0.029)	−0.080 * (0.035)
年龄平方	−0.050 (0.063)	−0.012 (0.031)	0.115 ** (0.037)
婚姻状况（参照：未婚）	0.616[†] (0.369)	0.536 *** (0.144)	0.543 ** (0.189)
户口类型（参照：农业）	0.581 (0.535)	−0.074 (0.175)	−0.444 * (0.197)
政治面貌（参照：非党员）	0.722 *** (0.203)	0.482 *** (0.112)	0.584 *** (0.138)
教育年限	0.081 * (0.038)	0.139 *** (0.022)	0.084 *** (0.025)
职业地位	0.019 ** (0.007)	0.021 *** (0.003)	0.022 *** (0.004)
单位类型（参照：体制内）	−0.172 (0.233)	0.279 ** (0.104)	0.283 * (0.139)
区域特征（参照：内陆）	−0.001 (0.181)	0.217 * (0.093)	0.033 (0.117)

第**⑥**章　职场上级交往对分配公平感的影响机制

续表

变量名	更慢/未晋升	差不多/未晋升	更快/未晋升
职场上级交往	0.471 *** (0.100)	0.563 *** (0.054)	1.031 *** (0.084)
截距	−10.653 *** (0.511)	−7.906 *** (0.678)	−7.906 *** (0.843)
似然比卡方	876.19 ***		
样本量	4272		

注：双尾统计检验显著度：†$p<0.1$，*$p<0.05$，**$p<0.01$，***$p<0.001$。

第一，我们可以发现职场上级交往变量对于晋升速度具有显著的正向效应。具体来说，职场上级交往在三个类别的系数均为正，并且在 0.001 条件下显著。相对于未晋升的职场个体，与职场上级交往可以显著影响他们与同事相比之下的晋升速度。也就是说，与未晋升的个体相比，与职场上级交往可以显著提升被访者选择晋升速度更慢、更快或差不多的比率。

第二，我们发现选择晋升速度三种类别的系数有变化，通过对职场上级交往对于三类人群的系数进行比较。我们发现从晋升速度由慢变快，职场上级交往的系数有明显提升，从 0.471 上升至 0.563 再到 1.031。具体来讲，职场上级交往频率每增加一个单位，选择比同事晋升更慢相对于未晋升的比率上升 60%（$\exp^{0.471}-1$），选择与同事晋升速度差不多相对于未晋升的比率上升 75.6%（$\exp^{0.563}-1$），选择比同事晋升速度更快相对于未晋升的比率上升 180%（$\exp^{1.031}-1$）。相对于未晋升者来说，与职场上级交往频率每提高一个单位可使选择更快比更慢的比率上升 75%（$\exp^{1.031-0.471}-1$），选择更快比差不多的比率上升 60%（$\exp^{1.031-0.563}-1$）。结果表明，个体在职场中与上级交往越频繁，就越容易认为自己的晋升速度比同事更快，数据支持了假设 6-3A 的基本观点。

为了有效检验"职场上级交往→局部比较→分配公平感"这一路径，我们构建了职场上级交往、晋升速度与分配公平感之间的三个定序逻辑回归模型（见表 6-6）。三个模型从左至右依次为职场上级交往模型、晋升速度模型和联合模型。模型 1 为职场上级交往模型，在控制变量基础上加入职场上级交往变量；模型2为晋升速度模型，在控制变量基础上引入了晋升速度变量；模型3为联合模型，在控制变量基础上同时加入了职场上级交往和晋升速度变量。我们以此三个模型来检验与同事晋升速度的局部比较是否可以影响人们的分配公平感，以及晋升速度是否作为职场上级交往与分配公平感的中间变量。

表6-6　职场上级交往、晋升速度影响分配公平感的定序逻辑回归模型

变量名	模型1	模型2	模型3
	职场上级交往模型	晋升速度模型	联合模型
性别（参照：女性）	0.215 *** (0.057)	0.205 *** (0.058)	0.203 *** (0.058)
年龄	-0.066 *** (0.018)	-0.068 *** (0.018)	-0.064 *** (0.018)
年龄平方	0.058 ** (0.019)	0.058 ** (0.019)	0.055 ** (0.019)
婚姻状况（参照：未婚）	0.352 *** (0.092)	0.337 *** (0.092)	0.333 *** (0.092)
户口类型（参照：农业）	-0.166 (0.107)	-0.159 (0.107)	-0.156 (0.107)
政治面貌（参照：非党员）	0.174 * (0.079)	0.178 * (0.079)	0.158 * (0.079)
教育年限	0.017 (0.012)	0.016 (0.012)	0.014 (0.012)
职业地位	0.008 *** (0.002)	0.007 ** (0.002)	0.007 ** (0.002)
单位类型（参照：体制内）	0.047 (0.067)	0.056 (0.066)	0.035 (0.067)
区域特征（参照：内陆）	0.024 (0.059)	0.019 (0.059)	0.021 (0.059)
职场上级交往	0.113 *** (0.030)		0.089 ** (0.031)
晋升速度（参照：未升职）			
更慢		-0.154 (0.164)	-0.190 (0.164)

变量名	模型 1	模型 2	模型 3
	职场上级交往模型	晋升速度模型	联合模型
差不多		0.220 ** (0.079)	0.181 * (0.080)
更快		0.388 *** (0.079)	0.329 ** (0.106)
阈值			
1	-3.529 *** (0.400)	-3.895 *** (0.391)	-3.618 *** (0.403)
2	-1.735 *** (0.396)	-2.101 *** (0.386)	-1.823 *** (0.398)
3	-0.094 (0.395)	-0.457 (0.385)	-0.176 (0.398)
4	2.946 *** (0.402)	2.587 *** (0.392)	2.870 *** (0.405)
Pseudo R^2	0.0139	0.0145	0.0153
样本量	4272	4272	4272

注：双尾统计检验显著度：$†p<0.1$，$*p<0.05$，$**p<0.01$，$***p<0.001$。

模型 1 展示了职场上级交往对分配公平感的影响效应，回归结果显示职场上级交往对于个体的分配公平感具有正向作用，即与职场中上级领导交往越频繁，个人的收入分配感越高。具体来说，职场上级交往频率为 0.113，在 $p<0.001$ 水平下显著。说明职场上级交往的频率每增加一个单位，人们选择收入分配不公平的概率下降 12%（$1-\exp^{-0.129}$）。职场上级交往变量对于分配公平感显示出较强的解释力。

模型 2 在控制变量的基础上加入了晋升速度变量。相对于从未晋升的职员来说，认为"比同事晋升更慢"的系数为 -0.154，说明晋升速度的比较劣势使得人们更倾向于感知上的分配不公平，但是这一系数并没有通过统计检验。与未晋升的人员相比，认为自己与同事的晋升速度差不多和更快的类型均具有统计显著性，分别在 $p<0.01$ 和 $p<0.001$ 水平下显著。具体而言，认为自己收入是不公平的概率，"比同事晋升

更快"比"未晋升"类型少 32% ($1 - \exp^{-0.388}$),"与同事晋升速度差不多"比"未晋升"类型少 19.7% ($1 - \exp^{-0.220}$)。结果说明,与同事的横向对比后,认为自己的晋升速度越快,分配公平感就越强。反之,认为自己晋升速度越慢,越觉得不公平。数据分析结果验证了假设 6 - 3B,即人们越觉得自己比同事晋升速度快,越倾向于认为自己的收入所得是公平的。

在联合模型 3 中,我们在控制变量基础上同时引入了职场上级交往和晋升速度变量,模型中各变量的系数和显著性发生了变化。通过对比模型 1 和 3 可以发现,在加入晋升速度变量后,职场上级交往与分配公平感之间的正向效应有所降低,即职场上级交往的系数从 0.113 下降到 0.089,显著性水平也变为在 p < 0.01 水平下显著。结果说明,职场上级交往对于个体分配公平感的正向影响部分来自个人与同事晋升速度的比较优势。

综合表 6 - 5 和表 6 - 6 的模型结果,根据因果逐步回归的基本原理,我们可以得出晋升速度是职场上级交往和分配公平感的中间变量,即职场上级交往部分地通过与同事晋升速度的比较来影响人们对收入分配公平与否的判断。数据验证了假设 6 - 3C。也就是说,职场上级交往对于分配公平感的正向效应,部分通过个体在职场网络中的局部比较来实现。与职场上级交往有助于个体认为自己比同事晋升速度快,从而增强其收入分配公平感。至此,假设 6 - 3 得到验证。

职场中个体与上级的交往过程,决定了人们对于分配公平的感受源于比较参照的结果。以上分析结果说明职场交往过程中分配公平感的形成,也来源于与他人的横向比较带来的心理冲击。另外,结果同时揭示了与同事的横向比较成为重要参照点,解决了以往公平感研究中个体对于如何选择比较对象的困惑。虽然将比较的范围局限在了职业场域中,但是本研究已经初步验证了职场中个体如何选择参照对象以及如何进行比较的问题。这对于我们理解职场中与上级交往过程如何形塑人们的分配公平感找到了一条可行的路径。

6.4 中介效应分析

第 6 章的前三个小节集中探讨了职场上级交往影响个体分配公平感的三种影响路径，即与上级交往通过职场网络的社会支持、表达性功能和局部比较三种效应来影响个体的分配公平感。前文通过因果逐步回归方法进行检验，数据支持了这三种路径。本章节进一步构建职场上级交往影响分配公平感的全模型，将三种影响因素纳入同一模型来进一步验证三种效应的解释力，并对这一结论做稳健性检验。

6.4.1 职场上级交往影响分配公平感的中介模型

为检验职场上级交往对于分配公平感的中介效应，表 6 - 7 建立了 4 个定序逻辑回归嵌套模型和 1 个线性回归模型。模型 1 在控制变量的基础上加入了职场上级交往变量，系数为 0.114 并且在 p < 0.001 水平下显著。职场上级交往越频繁越倾向于认为现有收入分配是公平的。模型 2 在模型 1 的基础上加入收入变量后职场上级交往的正向效应有所减弱，系数从 0.114 下降至 0.102，变为在 p < 0.01 水平下显著。模型 3 在模型 2 的基础上进一步控制了地位期望变量。职场上级交往的系数进一步降低，系数为 0.092。模型 4 在模型 3 中继续引入晋升速度变量，职场上级交往的回归系数下降至 0.071，并且在 p < 0.05 水平下显著。结果发现，在模型 2、模型 3 和模型 4 中依次引入收入、地位期望和晋升速度变量后，职场上级交往的系数逐步递减，对于分配公平感的正向效应依次下降。这说明收入水平、地位期望和晋升速度成为职场上级交往影响分配公平感的中间变量，与职场上级交往对于个体分配公平感的提升部分是通过收入、地位期望和晋升速度这三者来实现的。同时也验证了职场网络的工具性支持、表达性功能和局部比较是职场中个体分配公平感的来源，成为职场中与上级交往对于个体分配公平感的中介效应。也就是说，与职

场中的上级交往会通过对个体的工具性支持，增强个体对未来的地位期望以及与同事晋升速度的比较优势来提升个体的分配公平感。为证明模型 4 结果的稳定性，并且为下一步中介效应稳健性检验做准备（PROCESS 插件要求因变量为连续变量），研究建立线性回归模型 5 来进一步验证。模型 5 加入了职场上级交往、收入、地位期望和晋升速度后发现职场上级交往以及三个中介变量对于分配公平感的正向效应均显著。与模型 4 的结果一致，说明基于定序逻辑回归得出的结论是稳定的。

表 6 - 7　　　　　　　职场上级交往影响分配公平感的中介效应模型

变量名	模型 1	模型 2	模型 3	模型 4	模型 5
职场上级交往	0. 114 *** (0. 032)	0. 102 ** (0. 032)	0. 092 ** (0. 032)	0. 072 * (0. 033)	0. 032 * (0. 016)
收入		0. 176 *** (0. 042)	0. 147 *** (0. 042)	0. 135 ** (0. 042)	0. 064 ** (0. 019)
地位期望			0. 070 *** (0. 016)	0. 066 *** (0. 016)	0. 035 *** (0. 007)
晋升速度 (参照: 未升职)					0. 038 ** (0. 015)
更慢				− 0. 154 (0. 171)	
差不多				0. 145 * (0. 083)	
更快				0. 311 ** (0. 109)	
阈值/截距					2. 833 *** (0. 258)
1	− 3. 561 *** (0. 419)	− 2. 154 *** (0. 535)	− 2. 060 *** (0. 536)	− 2. 246 *** (0. 544)	
2	− 1. 769 *** (0. 414)	− 0. 354 (0. 533)	− 0. 254 (0. 534)	− 0. 439 (0. 541)	
3	− 0. 117 (0. 413)	1. 304 * (0. 534)	1. 410 ** (0. 534)	1. 228 * (0. 542)	

续表

变量名	模型1	模型2	模型3	模型4	模型5
4	2.941 *** (0.420)	4.365 *** (0.540)	4.475 *** (0.541)	4.299 *** (0.548)	
Pseudo R²/R²	0.0135	0.0152	0.0171	0.0182	0.0480
样本量	3994	3994	3994	3994	3994

注：（1）双尾统计检验显著度：$\dagger p < 0.1$，$* p < 0.05$，$** p < 0.01$，$*** p < 0.001$；（2）为节约篇幅，此表格省略了所有控制变量的回归结果。

6.4.2 中介效应稳健性检验

为检验因果逐步回归结果的稳健性，研究使用哈耶斯等提出的 Bootstrap 再抽样方法，检验中介效应是否存在及其大小（李黎明等，2016）。该方法通过对原有样本进行重复再抽样，计算中介效应系数及中介效应占总效应的比例，并通过置信区间检验中介效应的系数是否显著。此方法在检验多个并列中介效应和检验方式上更加有优势。

表 6-8 为职场上级交往影响分配公平感的 Bootstrap 中介效应检验结果。表 6-8 中汇报了在设置抽样次数 5000 次，95% 的置信区间情况下，总效应、直接效应、中介效应的系数、标准误、置信区间和中介效应比例。结果发现，第一，从置信区间检验结果来看，总效应、直接效应和总中介效应的系数均通过了置信区间检验（置信区间不包含 0），三种效应均存在。说明收入、地位期望和晋升速度三者确实是职场上级交往对分配公平感影响的中介效应。第二，从总中介效应的影响来看，总中介效应的比例为 39.6%，说明收入、地位期望和晋升速度三者属于部分中介。也就是说，职场上级交往部分地通过收入、地位期望和晋升速度来影响分配公平感。第三，从中介效应的比例来看，三条中介路径所占比例依次为 9.4%、13.2% 和 18.9%。结果说明与同事的晋升速度比较所占比重最大，收入的提升所占比重最小。据此，我们用图 6-4 来表示职业场域中职场互动、职场网络效应及公平感的关系，以及三条路径不同的影响力大小。

表 6 – 8	分配公平感的 Bootstrap 中介效应检验 （置信度 95%，再抽样次数 = 5000）					
效应	系数	标准误	置信区间下限	置信区间上限	效应是否存在	中介效应比例
总效应	0.053	0.015	0.023	0.083	是	——
直接效应	0.032	0.016	0.001	0.062	是	——
总中介效应	0.021	0.004	0.013	0.030	是	39.6%
X→M₁→Y	0.005	0.002	0.001	0.009	是	9.4%
X→M₂→Y	0.007	0.002	0.003	0.011	是	13.2%
X→M₃→Y	0.010	0.004	0.003	0.018	是	18.9%

注：X 为自变量职场上级交往，Y 为因变量分配公平感。M_1 为中介变量个人收入，M_2 为中介变量地位期望，M_3 为中介变量晋升速度。

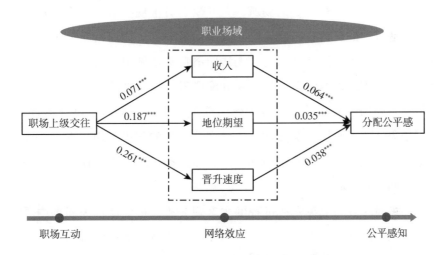

图 6 – 4 职场上级交往对于分配公平感的影响路径

　　至此，我们证明了职场上级交往对分配公平感的影响部分地通过职场网络的支持效应、表达效应和比较效应来实现。其中，职场上级交往的比较效应作用大于支持效应和表达效应。这意味着职场上级交往对个体公平感的形塑过程中，与同事晋升速度的比较作用发挥了重要作用，比个体收入的提升和未来地位的期望更能显著影响职场中个体的分配公平感知。总而言之，与职场上级交往对于个体分配公平感的正向效应，通过提高个体收入、对未来的地位期望以及与同事晋升速度的优势来提升自身的分配公平感。那么，个体与职场平级交往和下级交往对于分配公平感的影响是否也具有如上三种中介效应？我们在附录 A1 中进行了详细的分析和探讨。

6.5　本章小结

本章从职场社会网络的作用出发提出了职场上级交往影响分配公平感的三大机制。既往研究对于分配公平感的解释机制研究已经颇为丰富，无外乎结构决定论、相对剥夺论和主观归因理论等。但是既有机制研究并没有将它们放置在特定的场域，尤其缺乏对于现实情境中作为社会人进行互动过程的探讨。因而缺乏对真实情境中个体如何判断分配公平内在心理过程和逻辑演变的探究，无法厘清特殊场域中人们公平感发生机制的差异。因此，本研究将与收入分配联系最为紧密的职场作为研究的场域，将职场中的互动交往过程作为分配公平感产生的主要现实背景。分析结果证实了职场上级交往对于微观公平感的积极作用。本章在此基础上进一步探讨这种正向作用的来源，即挖掘职场上级交往与分配公平感的中间机制。

通过对职场与上级交往过程的主客观分析，将个体视为职场中具有主观能动性的社会行动者，探究个体在职场网络中地位获得和主观建构的过程。从职场上级交往形塑的职场网络功能出发，我们发现了职场个体分配公平感的来源。个体与职场上级交往过程对于自身分配公平感的形塑通过复杂的多重路径来实现。首先，个体与职场上级交往过程通过网络的社会支持作用来形塑个体的分配公平感。个体与职场上级的交往过程中获得职场稀缺资源对个体产生工具性效应，帮助个体提高职业收入从而因获益产生公平分配的感知。其次，个体与职场上级交往过程通过职场网络的表达效应来影响个体的分配公平感。与上级交往过程中个体获得上级释放的信号，激发了个体的地位追求意识，同时认为职场上级可以帮助其实现职业目标，促使个体对于自身未来的地位有更高的期望，从而弱化了当下的不公平感。最后，个体与职场上级的交往过程通过职场网络的比较效应来影响分配公平感。与职场上级交往的过程同时产生个体与同事之间的局部比较，个体认为通过与上级交往所获得的资源能帮助其在晋升过程中更加顺利，晋升速度比同事比更快，这种心理上的比较优势地位也会使得人们增强收入分配的公平感。因此，职场上级交往作为职场网络构建的重要形式，在客观层面通过资源获取提高个人职业收入，在主观层面不仅增强了对未来的地位预期并且促使个人在职场网络的比较中占据优势地位，三种效应相互整合，共同提升了个体的收入分配公平感。这一结果通过了 Bootstrap 中介效应检验，并且发现了三种中介效应中，职场网络的比较效应比支持效应和表达效应的影响力更强。

这一发现的意义在于，首先，研究建立了职场个体公平感的多维判断路径。突破了以往只从单一的维度去看待微观公平感的形成过程，并把它们作为对立的理论观点来相互比较解释力的优劣。事实上，它们并不是孤立存在，而是被个体作为多重判断的标准。其次，以往研究直接用评判的标准来解释微观分配公平感，但是忽略了引发这一判断的来源是社会行动本身。这种判断标准仅仅被个体作为中间环节来对社会行动的意义进行理解，并不能将其作为判断公平感的源头。因而本研究形成了"社会交往行动—个体对行动意义的衡量—对于公平的判断"这一逻辑链条。最后，加深了我们对于个体的社会交往活动背后意义的理解。不同的社会行动背后人们会对于公平的评判建立不同的标准，因此，找到影响公平感的社会行动源头比评判标准本身更为重要。这也是我们理解作为社会交往行动之一的职场交往的特殊意义所在。

值得注意的是，局部比较这一路径改变了以往简单地将泛泛他者作为比较对象，导致比较对象的模糊化和随意化的问题。本研究将职场中与同事的横向对比作为参照对象的考察，认为职场同事是"类似他人""同质参照"的最贴切的指代。本研究认为，应注意参照群体选择的复杂性，当研究对象所处场域不同时，参照群体也会随之发生变化。同时，研究挖掘了"如何比较"这一主观心理活动，映衬了职场中个体试图突破职场"金字塔"壁垒向上流动的心理预期目标，进一步丰富了局部比较理论对于公平感的解释维度。

第 7 章

职场上级交往影响分配公平感的
制度差异*

第 6 章我们探究了职场上级交往影响微观分配公平感的机制，从社会网络的功能出发提出了三种路径来解释这一社会行动及个体感知背后的意义。这一纵向的机制研究使我们更加深入地了解职场上级交往如何影响个体的分配公平感。从职业活动发生的外部环境来看，职业活动嵌入在特定的宏观经济结构中，对于职场交往与公平感知效应的研究不能忽视这种交往行为的制度环境约束。另外，基于不同经济体制下社会网络的作用空间差异，我们有必要在一定的体制背景下进一步考察这种效应的差异性。本章需要回答的问题是，不同的制度环境在职场上级交往影响分配公平感的过程中扮演怎样的角色？因此，我们从中国体制分割的制度背景下，探讨当前中国劳动力市场中个体与职场上级交往过程中的公平感知，进一步揭示上述影响在市场化程度不同的制度环境中的作用差异，由此对蕴含的理论和政策意涵做进一步说明。

7.1 研究背景

中国的经济体制改革是由计划经济逐渐转向市场经济体制的过程，

＊ 本章的部分内容曾发表在《现代财经》2019 年第 5 期。

呈现出渐进式的特征。自 20 世纪 70 年代末改革开放政策开始实施，给原有的计划经济体制带来了巨大的冲击，体制外的劳动力市场开始出现。1992 年党的十四大将建立社会主义市场经济体制作为中国经济改革的目标，之后市场化程度不断提高，呈现计划经济和市场化经济同时存在的局面。2001 年随着中国加入世贸组织，经济体制改革进一步深化，计划经济逐渐弱化，市场制度全面发展。直至今天，中国仍然处于经济体制改革的进程之中，计划经济和市场经济仍然在中国的劳动力市场中发挥着作用，这种新旧体制特征并存的局面还将持续。这种渐进式的改革不仅表现在中国不同历史时期中市场经济和计划经济所占的比重不同，还反映在中国不同的部门、地域等对应着不同的制度空间。具体来说，计划经济主要存在于体制内的核心部门，例如，党政机关、事业单位等，市场化程度较低，对于资源的分配主要以从上到下的国家分配和组织安排为主导。市场经济主要存在于体制外的非核心部门，市场化程度较高，对于资源的分配方式主要是按劳分配、按效率分配、按生产要素分配，例如，私企（边燕杰、张文宏，2001）。

　　社会网络作为一种非正式制度，通过人际关系网络影响劳动者的地位获得和主观感受。当正式制度存在间隙或制度不明确的情况下，社会网络便会代替其发挥资源配置的作用（张文宏，2006）。无论在哪一种体制下社会网络都发挥着对于正式制度的补充作用（张文宏，2003）。因而，社会网络和正式制度是同时存在于经济体制内部的，它与正式制度共同交织并影响劳动者的经济活动。然而，不同的体制环境约束给予社会网络不同的作用空间，导致网络的作用被约束或放大。也就是说，社会网络对于正式制度的补充作用在不同的宏观经济环境下具有差别。既有研究对于社会网络的地位获得作用的制度差异进行了充分的验证，尤其体现在劳动力市场的求职过程中（梁玉成，2012）。事实上，社会网络对于个体的影响体现在职业生涯的全过程，当这一影响从求职过程延续到日常职业场域时，社会网络的资源配置作用仍然影响着个体的地位和感受。通过职场中同事间的人际互动，职场网络资源被传递和动员。职场上下级关系表征的地位和资源差异使得这种传递成为需要和可能，进一步决定了个体的职业获得和主观感受。因而，我们想要明确的是，社会网络对于资源的配置作用是否会因为体制的差异而对职场个体表现出不同的作用？尤其是职业场域中日常交往所建构的职场网络对于员工职业生涯和主观感受影响的制度差异如何体现？

本研究从体制分割的角度来进一步明确职场上级交往对于个体的分配公平感的影响，研究强调职场网络作用在不同体制下的差异有两点重大现实意义。其一，个体层面的职业活动嵌入在职场网络之中，职场网络的作用又被一定的宏观制度所制约，因此对于职场交往和主观感知的研究必然要以经济体制差异为背景；其二，体制内更多是以计划经济为主，而体制外由市场经济占据主导地位。无论哪一种体制环境都给了社会网络一定的作用空间，但是这两种体制背景下社会网络的运作逻辑不同，我们必须加以区分考查。基于此，本章主要围绕职场上级交往所嵌入的社会网络与个体的收入分配公平感之间的关系及其体制差异来展开研究。

7.2　理论分析与研究假设

中国的市场化改革呈现渐进式的特点，这一特点使得国有和非国有部门并存，同时成为现今社会经济结构的本质特征（郭星华，2001）。国有部门也称体制内部门，主要指国家在组织制度中起主导作用的单位，主要涵盖党政机关、国有企业和国有事业单位。体制外单位受国家权力覆盖的程度比体制内单位低，其中包括外企、合资企业、私企、社会团体等（林聚任、向维，2017）。吴晓刚将这一体制分割的局面描述为"国家再分配力量的逐渐降低和市场力量兴起的连续谱"（吴晓刚、张卓妮，2014）。这种连续谱的两端分割为体制内和体制外两种部门形态，它是职场交往过程中个体收入分配公平感形成的宏观制度环境。值得注意的是，两种体制并存的局面预示着职业场域中社会网络的建构模式和运作逻辑可能因此存在差异性，从而对于个体的分配公平感存在不同程度的影响效应。表 7 - 1 从资源分配、网络类型和网络作用三个方面展示了体制内和体制外单位的资源分配方式和社会网络运作逻辑的差异。

表 7 - 1　　　　　　　体制内、外分配方式与社会网络作用差异

项目	体制内	体制外
资源分配	行政计划、岗位决定	市场调节、绩效决定
网络类型	垂直、纵向为主	水平、横向为主
网络作用	动员强、回报高	动员弱、回报低

首先，从体制内、外的资源分配逻辑来看。虽然中国迈向市场经济的过程之中体制外部门在不断攀升，体制内部门依然是中国经济体制下最重要的组成部分，再分配体制特征被保留下来（Cook K. S. & Hegtvedt K. A.，1983）。单位制从计划经济时期延续而来，仍然是体制内部门的重要形式，其中体制内的岗位层次具有严格的划分。行政计划是体制内单位分配资源的主要方式，主要按照平均主义的原则。这种平均主义是有条件的，按照岗位层级有所区分。行政级别是分配的依据，级别越高则分得的资源越多，主要体现在收入和福利待遇（如住房）上。相比而言，体制外部门的市场化程度比较高，受国家行政权力的影响较小，资源的分配逻辑遵循市场机制。因而，个人的收入体现按绩效分配的原则，个人的能力越强付出越多，收入就越高晋升也越快。

其次，从体制内、外的网络类型来看。英国经济学家卡尔·波兰尼将人类社会的经济方式分为三种类型，包括计划经济、市场经济以及互惠经济。其中，生产者和消费者并不产生直接联系，按照政府的权力关系对资源进行再分配，因而体制内单位的网络类型主要以从上至下的纵向为特征。以市场经济为主导的体制外生产者和消费者产生直接互动和交易，因而其网络主要以横向为主（周兵、刘成斌，2015）。因此，尽管两种体制均存在计划和市场的要素，即市场中有计划，计划中有市场，但是，从本质上讲，计划经济为主的体制内的社会网络主要体现了垂直和纵向的上下级的严格权力等级。以市场经济为主导的体制外的社会网络则体现了生产者和消费者水平的、横向关系。

最后，从体制内、外社会网络的运作逻辑来看。毋庸置疑，社会网络的作用空间大小会影响个体对于社会网络的动员机会，进而影响行动者网络资源动员能力强弱（Wellman B.，1981）。体制内单位的资源分配原则依据岗位而定，权力的纵向化使得网络资源掌握在上级手中。因此，社会网络的运作空间大，与上级交往可以提升社会网络的资源分配回报率。反之，体制外的市场化程度更高，主要以绩效主义为分配原则，资源的分配主要通过横向的社会网络来完成，垂直网络发挥有限作用。那么，个体与上级领导的交往的过程并不能很大程度上影响资源分配的过程，也就是说行动者动员纵向网络的回报率要低于体制内。

综合以上三点分析，鉴于体制内、外的资源分配逻辑、社会网络类型及其作用不同，研究提出与职场上级交往对于员工自身的收入分配公平感的作用存在体制差异。具体来说，与体制外的人员相比，体制内的行动者更有可能在与上级领导交往过程中获得更优质的网络资源，实现职场中晋升、加薪的目的，以此来提升自身的分配公平感。

假设 7：职场上级交往对分配公平感的正向影响在不同制度情境中存在差异，相对于体制外从业者而言，体制内从业者与上级交往更容易获得分配公平感的提升。

7.3 实证分析结果

7.3.1 描述性统计及均值差异检验

我们利用图 7-1 对因变量分配公平感和主要自变量职场上级交往的分布特征进行分体制的描述统计，以便全面了解二者在体制内、外的分布状况。其一，无论在体制内还是体制外选择比较公平和居中的比例最大，认为分配完全不公平和完全公平的最少。选择公平（完全公平和比较公平二者之和）的比例中，体制外比体制内高，而在选择不公平（完全不公平和比较不公平二者之和）的比例中，体制外比体制内低。总的来说，体制外人员认为自身收入分配公平的比例高于体制内人员。其二，职场个体与上级交往的频率由从不到经常在体制内外比例均呈现上升趋势。选择从不、偶尔和有时的比例，体制内超过体制外，但选择经常的比例呈现体制外多体制内少的状况。

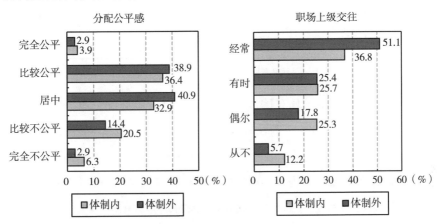

图 7-1　自变量和因变量的分体制描述统计

　　分别了解体制内、外分配公平感和与上级交往的频率分布差异之后，我们发现体制外人员的公平感更强，与上级交往的频率更高，但是这仅是基于百分比的描述统计结果，并没有经过统计检验。下面我们对这一关系的集中趋势进行分析，统计每一变量的均值，并进行基于均值的差异性 T 检验。表 7-2 展示了各变量的均值、标准差以及取值范围说明，并且分体制估算了各变量的均值，对此进行了均值差异检验。

表 7-2　　各变量基于均值的体制内、外差异分析

变量名	均值	标准差	说明	体制内	体制外	T 值
分配公平感	3.15	0.93	[1~5]	3.10	3.24	4.95***
上级交往	3.02	1.01	[1~4]	2.87	3.23	11.66***
性别	0.46	0.50	女=0，男=1	0.47	0.44	1.86†
年龄	43.79	13.91	[18~70]	48.65	36.17	32.70***
婚姻状况	0.79	0.40	未婚=0，已婚=1	0.87	0.67	16.6***
户口类型	0.90	0.29	农业=0，非农=1	0.96	0.81	17.9***
政治面貌	0.19	0.39	非党员=0，党员=1	0.24	0.10	12.20***

变量名	均值	标准差	说明	体制内	体制外	T 值
教育年限	12.96	3.27	[0 ~ 19]	12.65	13.44	− 8.04 ***
收入	10.45	0.93	[5.31 ~ 13.77]	10.31	10.66	− 12.44 ***
地位期望	4.88	2.08	[1 ~ 10]	4.66	5.20	− 8.44 ***
晋升速度	1.62	1.05	[1 ~ 4]	1.59	1.68	− 2.7 **
样本量	4520			2757	1763	

注：显著性水平：$†p < 0.1$， $*p < 0.05$， $**p < 0.01$， $***p < 0.001$。

第一，分配公平感具有体制差异。数据显示，分配公平感取值分为1 ~ 5，1 为完全不公平，2 为比较不公平，3 为居中，4 为比较公平，5 为完全公平。表格第二列中分配公平感的均值为 3.15，标准差为 0.93，体制内的分配公平感均值为 3.10（样本量为 2757），体制外的分配公平感均值为 3.24（样本量为 1763）。虽然二者的差异数值并不大，但是体制内的公平感低于体制外，体制内公平感比体制外低约 2.1%。T 检验表明分配公平感的体制差异显著，说明我们从体制层面研究分配公平感具有必要性。

第二，职场上级交往频率呈现体制差异。与上级交往的频率从 1 ~ 4 逐渐增高，依次为从不、偶尔、有时和经常，均值为 3.02，标准差为 1.01。其中体制内为 2.87，体制外为 3.23，说明体制内单位成员与上级交往的频率少于体制外。T 检验证实了体制内外的与上级交往频率有显著差异。

另外，中介变量和控制变量也显示出体制差异，均值差异检验均显著。从个人收入来说，体制外比体制内人员收入高并且通过了 T 检验。这一结果符合中国现实状况，体制内人员的工资是具有等级差别的固定工资，体制外人员往往工资多样化并且根据能力和效率来定，比起体制内人员工资更加灵活，"下海"就是这一问题的体现。同样，体制外人员的地位期望比体制内人员更高，体制外人员与同事相比的晋升速度比体制内人员更快。这说明，体制外人员对于高层社会经济地位的期望更强，体制外岗位向上的流动也比体制内快。这与体制外比体制内人员认为收入分配更公平的结果相符合，结果也从另一角度证实了第6章中三个中介变量对于分配公平感的正向影响。体制内人员的年龄均值为48.65，体制外人员年龄均值为36.17，体制内比体制外人员的均值高12.48年，且T检验显著。政治面貌的统计结果符合体制内对党员身份的要求更高的现实状况，体制内比体制外人员的党员比例更大。

7.3.2　分体制建构回归模型

上一章节对各变量尤其是因变量和主要自变量的体制内、外均值分布有了整体把握。虽然，研究已经发现了分配公平感知具有体制差异，职场中与上级交往频率也具有体制差异，但是仅仅对于单变量进行了描述，无法把握自变量对于因变量影响的体制差异。我们想进一步了解如假设7-1所述，职场中与上级交往对于分配公平感的正向效应是否具有体制内、外的差异，为此以下建立逻辑回归模型，在控制相关变量的基础上来研究这一问题。

我们建立了如表7-3所示分样本的序次逻辑回归嵌套模型，检验职场上级交往对分配公平感的影响是否存在体制差异。共建立了三个模型，第一个为基准模型，仅包含职场上级交往变量。模型2在模型1的基础上进行了体制内、外划分，检验职场上级交往对于分配公平感影响的体制差异。模型3在模型2的基础上又加入了控制变量，来看这种影响的差异是否稳定存在。从模型1到模型3的建构具有一定的意义，我们先看职场上级交往对公平感的总效应，再分体制分别建构模型检验差异性，最后再分析差异的稳定性。

表7-3　　　职场上级交往影响收入分配公平感的体制差异模型（Ologit）

变量名	模型1：基准模型	模型2：体制分割		模型3：加入控制变量	
		体制内	体制外	体制内	体制外
职场上级交往	0.206 *** (0.028)	0.172 *** (0.034)	0.224 *** (0.049)	0.101 ** (0.037)	0.070 (0.053)

续表

变量名	模型1：基准模型	模型2：体制分割		模型3：加入控制变量	
		体制内	体制外	体制内	体制外
性别 （参照：女性）				0.084 (0.073)	0.220 * (0.095)
年龄				− 0.062 ** (0.024)	− 0.064 † (0.033)
年龄平方				0.060 * (0.025)	0.047 (0.040)
婚姻状况 （参照：未婚）				0.282 * (0.141)	0.404 ** (0.125)
户口类型 （参照：农业）				0.098 (0.202)	− 0.259 * (0.131)
政治面貌 （参照：非党员）				0.183 * (0.091)	0.234 (0.159)
教育年限				0.024 * (0.015)	0.009 (0.021)
职业地位				0.004 (0.003)	0.013 ** (0.004)
收入				0.089 * (0.045)	0.331 *** (0.075)
区域特征 （参照：内陆）				0.054 (0.074)	− 0.191 † (0.100)
阈值					
1	− 2.361 *** (0.106)	− 2.225 *** (0.124)	− 2.832 *** (0.209)	− 2.110 ** (0.667)	− 1.198 (0.855)
2	− 0.588 *** (0.089)	− 0.504 *** (0.106)	− 0.858 *** (0.167)	− 0.367 (0.664)	0.795 (0.850)
3	1.011 *** (0.090)	0.916 *** (0.107)	1.062 *** (0.168)	1.081 (0.665)	2.794 *** (0.853)
4	3.978 *** (0.120)	3.753 *** (0.145)	4.247 *** (0.218)	3.926 *** (0.672)	6.086 *** (0.866)
样本量	4432	2684	1748	2684	1748
Pseudo R^2	0.0047	0.0035	0.0049	0.0104	0.0260

注：双尾检验显著度：† $p < 0.1$，* $p < 0.05$，** $p < 0.01$，*** $p < 0.001$。

模型1中，职场上级交往的系数为0.206，在0.001水平下显著。模型2分体制回归做检验后，无论在体制内还是体制外，职场上级交往都显著影响分配公平感，系数在体制外略高于体制内，分别为0.172和0.224。继续在模型3中加入包括性别、年龄、教育程度、收入等控制变量后，职场上级交往对分配公平感的影响在体制内、外呈现出较大的差异，显示出我们分样本并逐步加入变量进行嵌套回归的统计意义。体制内职场上级交往的系数为0.101并且在 $p < 0.01$ 条件下显著，而体制外这一系数为0.070，结果并不具有显著性。对比模型2和模型3后发现，在加入控制变量后职场上级交往对于分配公平感在体制内的影响大于体制外，初步验证了职场上级交往对分配公平感的提升在不同制度环境中有差异。相比于体制外，体制内单位中个体与上级交往更容易获得分配公平感的提升，但是分样本回归得到的影响差异是否具有统计学意义，仍然需要用后续的方法进行验证。

同时，部分控制变量也反映了体制内、外差异。第一，个体的收入分配公平感存在性别的体制内、外差异。在体制外，男性的分配公平感比女性高出0.220个单位，并且在 $p < 0.05$ 水平下显著。体制内仅高出0.084个单位并且不具有显著性。因此，相对于男性而言女性在体制外单位中公平感知的劣势可能更加明显。第二，从年龄和年龄平方来看，年龄对分配公平感的影响呈"U"型分布，这种影响在体制内单位更加明显。第三，就教育年限而言，在 $p < 0.05$ 显著水平下受教育年限每提高一年，体制内从业者的分配公平感提升0.024个单位，而在体制外教育程度对公平感的正向效应并不显著。虽然已有研究已经证明了教育程度对分配公平感的正向影响（李颖晖，2015），但是本研究进一步发现这种正向影响只存在于体制内，可能的解释是教育作为优势地位获得的工具在体制内分配的原则下受重视程度更高。

结合表7-2和表7-3来看，职场上级交往的频率在体制外比体制内单位高（见表7-2），但是职场上级交往在体制内对收入分配公平感的正向影响比体制外更强（见表7-3）。结果表明，虽然体制外从业者与上级交往的频率高于体制内，但对于个体的分配公平感并没有显著提升。对

第**⑦**章 职场上级交往影响分配公平感的制度差异

这一问题的解释是，体制内的纵向网络对人们生活机遇产生更强的效应，体制外横向网络发挥作用并产生经济效益为主。体制外从业者与上级交往的频率比体制内高，主要因为体制外的经济性联系要高于体制内。同时，由于体制外的资源分配过程遵循绩效主义原则，体制外单位中与上级交往产生的收入效应更容易被人们理解为应得，与是否公平无关，当然这一解释还需要进一步的实证检验。

值得注意的是，这一发现是基于个体与职场上级交往而得出的，并非意味着与平级或下级同事交往的效应也存在体制差异。职场中个体与平级交往和下级交往对于分配公平感的影响是否也具有体制差异的问题，我们在附录1中进行了具体分析以供参考。

7.3.3　分样本系数差异稳健性检验

以上我们利用分样本的方法发现了体制内职场上级交往对于分配公平感的影响大于体制外。在两个子样本中分别检验体制内和体制外的职场上级交往系数的差异是否具有稳定性？体制内的系数 0.101 是否真的比体制外的系数 0.070 大，这一结果是否有统计学意义，我们并不能单单依据分组回归的系数来判断。由于这种单独比较子样本的系数和显著性水平的方法可能存在偏差，我们在此做进一步检验。

对于如何检验分组回归后的系数差异问题，有"Chow 检验""似不相关模型检验""费舍尔组合检验"三种方法（连玉君、廖俊平，2017）。三种方法的适用条件不同，对于方法的选择要看具体情况。基于似不相关模型的检验方法的适用条件相对宽松，它允许控制变量的系数在两个组别中存在差异，并且允许两组的干扰项具有分布差异且相关，我们利用此方法来进一步检验体制内、外两组间系数的差异是否具有统计学意义。

在本章节中我们对这一结果做基于似不相关模型（seemingly unrelated regression，SUR）的检验。由于体制内、外的单位在制度、市场环境等方面有相似之处，因此我们假设体制内、外的干扰项可能相关，并具有不同的分布。检验的程序分为以下两个步骤：其一，将以上分组回归的结果分别存储在两个文件中，此时将体制内和体制外视为两个方程，采用Ologit执行似不相关估计。其二，对估计结果进行组间系数差异检验。似无相关回归模型结果如表7-4所示，体制内外职场上级交往的系数仍为0.101和0.070。我们对这两个系数进行了差异检验，检验结果见表最后一行，卡方值为7.64，这一结果在0.01条件下显著。这说明，与职场上级交往对于个人分配公平感的提升作用确实在体制内、外存在差异，这一效应主要存在于体制内单位中，至此数据支持了假设7-1。

表7-4　体制内、外职场上级交往影响收入分配公平感的似无相关回归模型

变量	模型1：体制内		模型2：体制外	
	系数	标准误	系数	标准误
职场上级交往	0.101**	0.037	0.070	0.053
性别（参照：女性）	0.084	0.073	0.220*	0.095
年龄	−0.062**	0.024	−0.064†	0.033
年龄平方	0.060*	0.025	0.047	0.040
婚姻状况（参照：未婚）	0.282*	0.141	0.404**	0.125
户口类型（参照：农业）	0.098	0.202	−0.259*	0.131
政治面貌（参照：非党员）	0.183*	0.091	0.234	0.159
教育年限	0.024*	0.015	0.009	0.024
职业地位	0.004	0.003	0.013***	0.004
收入	0.089*	0.045	0.331***	0.075
区域特征（参照：内陆）	0.054	0.074	−0.191†	0.100
阈值				
1	−2.110**	0.667	−1.198	0.855
2	−0.367	0.664	0.795	0.850
3	1.081	0.665	2.794**	0.853
4	3.926***	0.672	6.086***	0.866
样本量	4432			
系数差异检验	Chi(1) =7.64		Prob > chi2 =0.008	

注：双尾检验显著度：† $p<0.1$，* $p<0.05$，** $p<0.01$，*** $p<0.001$。

7.4　本章小结

　　考虑到职场交往活动必然嵌入在一定的宏观经济背景中，在明确了职场上级交往对于分配公平感的正向作用后，厘清其作用空间差异显得尤为重要。本章检验了制度约束条件下职场交往对于分配公平感的影响效应差异，即从社会网络的视角揭示了职场上级交往对于分配公平感影响的体制差异。在特殊的中国体制分割背景下通过资源分配方式、社会网络类型差异和网络的作用差异角度来区分社会网络运作的不同逻辑。

　　研究的主要发现有：（1）个体对于自身收入分配公平的判断存在体制差异。体制外人员的分配公平感显著高于体制内人员，这一结论通过了 T 检验。（2）职场中与上级交往的频率也存在体制差异。体制外人员比体制内人员与上级领导交往更加频繁。（3）分样本逻辑回归结果显示，职场上级交往中嵌入的职场网络资源对个体分配公平感的提升在不同制度环境中存在差异。相比体制外人员来说，体制内人员与上级领导交往更容易获得分配公平感的提升。通过似不相关模型对系数差异的进一步检验，验证了个体与职场上级交往对于公平感提升作用只存在于体制内单位。

　　对于职场领域的研究无法忽略中国经济体制的背景。本章在理论上对职场网络的作用进行了划分，区分出职场网络运作逻辑的体制差异。中国经济体制转型过程是给再分配体制逐渐注入市场机制的过程（边燕杰等，2012），目前仍呈现市场机制和再分配机制并存的局面。我们关注的职场上级交往对分配公平感的影响差异问题，实际上反映了不同体制环境下社会网络运作逻辑的差异。由于体制内、外社会网络的作用机制以及资源分配逻辑不同，个体与职场上级交往对于分配公平感的正向效应主要存在于体制内单位。体制内依靠行政计划进行资源分配，而体制外主要由市场机制进行分配，体制内以纵向网络为主使得行动者与上级的交往更有助其获取有价值的资源，表现出更强的分配公平感。体制外的市场化程度更高使得社会网络的作用空间受到限制，从而弱化了职场中与上级交往的效用。结论从另一侧面验证了市场约束网络理论，即社会网络作为正式制度的补充机制，在市场化程度高的制度环境中作用空间会变小（Guthrie D.，1998）。在市场化程度较高的体制外单位，与职场上级交往所形塑的社会网络的作用会受到一定限制，因而呈现出与比体制内弱的效用。

第⑦章 职场上级交往影响分配公平感的制度差异

研究结论与展望

本章是本书的最后一章，针对全书的实证分析结果进行总结和探讨。第一，我们将对职场交往对收入分配公平感的作用，不同交往类型的影响差异，职场交往对分配公平感的影响机制，影响的体制差异等内容进行梳理和总结；第二，基于以上结论提出有针对性的政策建议，以期对企业发展和社会稳定提供参考价值；第三，提出本研究的创新之处，尤其是不同于以往分配公平感研究框架的理论价值所在；第四，指出本研究的不足之处，对于本研究未能涵盖但具有研究意义的相关议题提出进一步展望。

8.1 主要研究结论

自20世纪80年代以来，随着中国经济体制不断改革和深化，引发中国经济快速增长，与此同时，收入差距日益扩大等问题不断凸显。中国传统的平均主义思想和收入差距扩大的现实状况形成了强烈反差，民众对收入分配差距的合理性认知成为影响社会稳定与和谐的关键性因素。学者从这一历史和现实背景出发，了解民众对收入分配体系的公平感知状况以及对个人收入是否公平的主观判断，并且试图解释居民公平感形成的原因和可能引发的社会后果。既有研究从客观社会经济地位、局部比较、归因偏好、市场转型以及社会流动等诸多因素出发，回答了人们收入分配认知的不同过程。以上理论视角丰富了公平感的研究机制，但仍留下了一些值得研究的空间。以往研究缺乏中观层次的研究视角，忽略了个体公平感产生的社会情境和场域以及社会互动因素对于公平感的建构作用等，使得研究呈现孤立的、静止的状态，并且脱离了日常生活情境。本研究选择一种新的视角以期拓宽分配公平感的研究向度，尤其将分配公平感知的研究放在特定的社会场域中，还原其产生的日常生活情境，在社会行动者真实互动过程中探寻分配公平感产生的机制所在。

因此，社会网络的研究视角应运而生，我们将职场中同事间的互动交往行为作为出发点探讨个体分配公平感的产生过程及机制。首先，中观的社会网络视角在分配公平感的宏观与微观影响因素中架起一道桥梁，使得我们避免将二者孤立起来进行探讨引发的片面性和局限性。其次，个体分配公平感知必然嵌入在一定的社会场域和情境之中。由于职业场域是个体收入来源的主要场域，因此在职业场域中探讨收入分配感知更具现实合理性。最后，社会网络视角将公平感的产生看作一个联系和互动的过程。关注职业场域的交往互动，可以把握职场关系的动态演变过程，将社会行动者作为社会网络中的一个节点，透过其在网络中的互动、交换和感知行为分析背后蕴含的特殊意义。那么，职业交往所建构的职场网络对于个体分配公平的感知究竟发挥如何作用？本研究从中观的社会网络视角出发，从职业场域的人际交往互动出发来探讨个体收入分配公平感知的作用，同时深入探究这种影响的机制以及在不同制度环境约束下的影响差异。通过对社会网络理论以及职场交往社会功能的梳理，我们提出职场交往影响分配公平感的作用、路径及体制差异假设。基于理论导向的实证研究策略，我们利用 JSNET2014 数据对理论假设进行了验证，得到如下几个主要结论：

第一，职场中行动者与同事的交往互动有助于提升自身的分配公平感。主要体现在个体与职场同事交往的频率越高，对自身收入分配的感知就越公平。这一过程主要通过资源获取和信息传递来实现。一方面，行动者通过与职场中同事的人际交往达到职场网络资源获取的目的，增加了对自身收入的满意程度；另一方面，个体通过职场交往可以加深对企业分配制度的了解，降低由信息不通畅造成的分配不公的误判。通过对不同交往对象的划分，我们对职场交往的效用进行了进一步检验，发现职场交往的不同类型对于分配公平感的影响具有差异。其中，职场中个体与上级交往对于分配公平感具有提升作用，而与平级交往和与下级交往对于分配公平感并没有显著影响。以上结果肯定了职场交往的积极作用，这意味着在职场中加强与上级交往的频率，并将自身置于紧密的职场社会网络之中，可以为个体带来丰富的网络资源，并有助于个体动员职场社会资本，获取有益的信息和晋升机会，这成为提升公平感的一条有效途径。另外，研究凸显了区分职场交往对象的重要性，职场"金字塔"结构使得不同职位附着着相应的职场资源和权力，交往对象的不同实际上蕴含着职位高低带来的网络资源差异。在这一点上职场上级领导具有职场资源的优势，因此与上级交往更能帮助行动者实现职场目标。这一结论是社会网络对于个体的积极作用从客观层面到主观层面的延伸，以往研究认为社会网络对于个体收入有提升作用，本研究认为它在提升个体主观公平感领域同样适用。尤其是职场上级交往作为一种职场互动类型和网络资源的过程，将关系运作和职场信息传递作为社会网络建构的结果，对职场个体的主观感受建构有着不可或缺的作用。结论的启示在于，对于分配公平感的研究不仅要注重个体的社会阶层特征，也要还原个体在社会情景中角色所带来的潜在资源作用。另外，职场交往的积极意义使得企业应适当鼓励职场交往互动，打破交往壁垒，减少信息不对称，使职场晋升和收入分配程序透明化。

第二，社会网络的三种效应是职场上级交往形塑个体分配公平感的主要途径。既然我们已经证实了职场交往对于分配公平感的积极建构作用，那么挖掘这一作用的中间机制，尤其是还原个体评判分配公平与否的心理过程显得尤为重要。首先，个体与职场上级交往过程通过网络的社会支持作用来形塑个体的分配公平感。研究认为个体与职场上级交往体现社会网络的工具性支持，这一过程中个体获得职场稀缺资源使其提高职业收入从而因获益产生公平分配的感知。其次，社会网络的表达效应成为职场上级交往影响分配公平感的另一途径。与上级交往过程也是个体对自身地位的不断思考过程。个体认为通过与职场上级的交往可以获得更好的职场网络资源帮助其实现职业目标，对未来地位产生积极的预期，从而弱化了当下的不公平感。再次，职场网络的比较效应是个体与职场上级交往中公平感获得的重要中间机制。与同事之间的局部比较使得个体产生对收入公平的感知，如果在比较中处于优势地位则会倾向于持有更高的分配公平感，而与职场上级交往正是使个体处于比较优势地位的手段。通过与同事晋升速度的比较，个体认为与上级交往所获得的资源能帮助其更快的晋升，这种比较心理上的优势地位也使得个体收入分配的公平感得到提升。我们用因果逐步回归模型逐次验证了三种效应作为部分中介变量同时存在，同时用 Bootstrap 中介效应检验方法验证了这一结果的稳健性，并计算出了三种中介效应的比例分别为 9.4%、13.2% 和 18.9%。这一发现的启示在于：一是分配公平感知的产生具有多元化认知，因而考察个体的多重判断标准十分重要。二是职场交往作为社会行动本身只是公平感评判的来源，而个体对行动意义的衡量充当了评判的标准。因而我们不仅应研究职场交往行动本身对公平感的建构意义，还应明晰个体如何看待这一交往行动以及对自身所得的评判标准。最后，主观因素比客观因素更能解释职场交往对分配公平感的正向作用。结果显示，与职场上级交往带来的收入提升所占中介比例最小，而与同事晋升速度的局部比较效应在三种中介效应中占比最大。从另一角度验证了客观的收入状况虽然能够影响职场中的分配公平感知，但人们对于收入分配公平的评判不仅是利己主义的心态，更是一种个体突破金字塔壁垒向上流动的心理预期和与同事比较的心理优势。这一结论更加肯定了我们将个体作为社会人，将其分配公平感知置于社会交往互动中来探讨的重要性。

第三，职场上级交往对公平感的积极作用受到宏观制度环境的制约。中国的经济体制因素是职场领域研究均无法忽视的重要背景，因而研究有必要从制度层面考察职场交往所构建的社会网络对个体分配公平感知的影响差异。当今，中国经济体制转型的进程是给再分配体制注入市场机制的过程，这一过程必定伴随着再分配和市场经济体制并存的局面

第 **8** 章　研究结论与展望

（边燕杰等，2012）。本研究关注的职场上级交往对于从业者分配公平感影响的体制差异，实际上反映了体制内、外社会网络运作逻辑的差异。体制内按行政指令分配资源，体制外则遵循市场绩效原则，那么，从这一层面来讲，体制内单位中从业者与上级领导交往更有助其获取有价值的职业资源，从而持有更强的收入分配公平感。体制外的绩效分配原则将职业收入归结为应得，因而与分配公平与否无关。职场交往活动嵌入在宏观的经济结构之中，我们相信作为非正式制度的社会网络对于不同体制下的职场交往会有不同的作用空间。从资源分配逻辑、职场网络的类型以及网络作用机制差异三个方面，我们从理论上建构了不同制度空间下职场上级交往对于个体分配公平感的影响差异。我们利用体制内外均值差异检验、分样本以及似不相关回归模型对假设进行了验证，一方面，实证分析结果证实了我们将体制因素纳入本研究考虑的必要性，无论是职场中与上级交往的频率还是微观分配公平感都体现出了体制的差异性。另一方面，职场上级交往对于分配公平感的积极作用存在差异，相比体制外人员来说，体制内人员与上级领导交往更容易获得分配公平感的提升。可以说由职场上级交往所标示的社会网络效应存在结构性差异，其作用空间受正式制度的制约。从另一角度验证了市场约束理论，即在市场化程度较高的体制外单位，社会网络的作用会受到限制，弱化了职场中与上级交往的作用。

8.2　政策建议

职场中的个体与组织是相互依赖、互利共存的关系。因此，不仅整体的运营状况会直接影响个体利益，个体的行为、观念等也会反作用于整体，影响管理的有效性。将发展生产力作为主要任务的同时，精神层面的建设往往容易被忽视。尤其是员工对于收入分配体系的评价和自身收入公平的感知，它反映了一个企业的文化和价值观。同时，员工对分配制度的认同和接受程度决定了员工对组织的归属感和对于工作的积极性。一旦产生分配不公平的感知，便会引发领导权利丧失、劳资关系紧张、企业管理混乱等问题，成为企业的健康发展的阻力。因此，管理层应将制度的完善和对员工观念的正确引导作为一项重要任务。我们结合研究发现以及对管理政策的思考，提出以下建议以供参考，以期建立公平、有序的职场环境，响应国家促进社会公平、正义的号召。

1. 积极建立上下级沟通体系，合理发挥职场交往的正面作用

本书已经证实了职场上级交往所建构的社会网络对个体的收入分配公平感发挥积极作用，这一结果在一定程度上证明了职场中与上级互动在建构个体社会网络和对提升收入公平感知的重要性。换言之，职场上级交往不仅在微观层面上为个体提供有利资源、帮助其晋升和提升收入等，而且在宏观层面上更有助于稳固企业环境或氛围，避免由员工强烈不公平感却长期隐忍可能引发的冲突，从而维序健康的企业管理体系和人际关系。

一方面，搭建员工与上级领导的沟通桥梁，打破交往壁垒。中国式的职场关系中蕴含着严格的纵向等级制度，领导拥有绝对的威严和权威，呈现家长式的领导作风。上级领导代表着严肃、不可冒犯、对下级聘用和解雇的直接权利。领导和员工各司其职，心理距离较远，无形中将职场上下级关系割裂。使得上级决策神秘化，不利于员工对于公司制度的了解和与上级领导的沟通。这一特点在体制内单位尤为明显。因此，企业应采取多方面措施建立起员工与上级领导的沟通桥梁，减少信息不对称，使职场晋升和收入分配程序透明化。一是建立多样化的职业交往渠道，增进上下级的交流互动。比如，通过茶话会、师徒制度、团建、部门例会等方式，为上下级提供沟通的机会，促使员工对于企业的管理模式、薪酬制度达到充分的了解，也为上下级的合作、关系的建立提供平台。二是为职场交往构建和谐的氛围。通过企业文化宣传等展示上级领导的人格魅力，宣扬先进事迹，推崇上级领导的典范。改善上下对立的情形，消除望而生畏的心理，从心理上拉近领导与员工之间的距离，使得职业交往成为可能。

另一方面，从员工的角度来说，应重视和培养自身职业交往的能力。

微观分配公平感的形成并不仅仅是对分配体系及所获收入的被动感知，个体也可以发挥主观能动性积极建构自身的职业发展和公平感知。个体的态度和行为在这一过程中扮演着重要的作用，员工应努力提升自我、寻找职业发展机遇。首先，主动创造展示自身职业能力的机会。中国社会的关系结构是以亲疏远近为准则形成的"差序格局"的关系圈。这一格局在职场中的表现是上级领导会通过关系远近来划分圈内、外人，上级会给圈内人更多的资源和支持。同时，上级会将职业晋升机会留给那些他有充分了解并且能够胜任的员工。因此，员工应通过与上级领导积极互动沟通，主动展示自身的职业技能，让上级领导充分了解，才能更容易获取资源和支持，实现职业的成功以及公平感的提升。

另外，员工应努力提升职业交往技能。个体想要获得良好的职业发展，除了过硬的技术水平、专业能力之外，还应培养一定的职业交往技能，这是个体在流动性的组织环境中迈向成功的必要能力。这种职业交往技能包括人际影响能力、职业敏锐性、网络关系建构能力等。下级的职业交往技能显著影响了职场中人际互动的过程，直接影响上下级交往的结果。那些拥有良好职业技能的员工比其他员工更容易获得与上级沟通、合作、信息传递的机会。也就是说，与职场上级领导的交往过程中只有通过这些能力才能提高与上级领导的沟通质量，从而提高其职业产出。当下级员工拥有良好的职业交往技能时，能够强化感情投资，促进职场上级对自己的信任，建立丰富的职场网络资源，让职场上级更加了解其职业发展意愿和诉求。同时，有利于形成上下级高质量的关系，从而获得上级领导在职业发展上的指导和帮助、分享信息和观点，有助于最终提升其职业收入及其分配公平感知。

2. 体制内单位应引入市场竞争机制，注重规则意识和个人绩效，使制度透明化

研究发现体制外人员的分配公平感高于体制内，说明体制外人员认可的收入差距程度更高。这是因为两种体制类型给予了不同的分配方式，也塑造了人们不同的分配公平观。体制内保留了计划经济时期的特征，

倡导以职级差异为标准的平均主义，收入的分配体现了从上至下的权力关系。体制内人员只能接受低程度的不平均，如奖金等，分配的平均化往往使得个人的特征（努力、能力和绩效）被忽视。那么，由于干多干少一个样，多劳者必然认为收入没有体现出差异而认为自身分配不公平。体制外以市场经济为依托，表现出的是绩效原则和竞争机制。他们对于收入分配公平与否的判断标准是能力、绩效和贡献，只要符合市场经济要求得来的收入都会被认为是公平的。那么，在这一层面上来说，可以通过如下举措提升体制内人员的分配公平感知。首先，转变体制内单位薪酬和晋升制度。改变套用行政级别的薪酬制度，体现出能力差异，激发员工的潜能。改变论资排辈，以工作年限作为晋升的标准。管理者应注重个体的能力差异，以能力作为衡量的标准，将贤能者置于重要岗位。使得人尽其才，才尽其用。营造出合理分配、规范竞争的职场环境。其次，在体制内单位引入市场机制，强化竞争意识。以绩效、技术、贡献、能力等为准则来构建分配制度，为员工提升平等的竞争机会，注重内部人才流动。最后，引导体制内人员转变分配公平观念，树立能者多得、多劳多得的公平观。发挥个体的主观能动性，充分体现出个体的能力要素，使应得原则逐渐被接受。

中国现有两种经济体制并存的局面为职场交往形塑个体分配公平感构建了不同的宏观背景。研究发现与体制内单位上级领导交往越频繁越容易引起分配公平感的提升，在体制外单位与上级领导互动对于个体分配公平感知并没有显著影响。这一结果体现了两种不同制度的约束下职场网络的作用差异，也就是说体制内的再分配经济强化了上下级权力关系，使得职场上下级交往的效用更强。那么，首先，我们必须在体制内更加倡导规则意识，避免由关系主义导致不合理的公平感知。其次，制定合理的收入分配制度，并且将其公开化、透明化。最后，规范上下级交往行为的边界，避免由上级对下级的"照顾和人情"引发的不公平。

3. 管理者应警惕由职场上下级交往带来的不当竞争引发负面影响

中国社会里，关系主义的文化背景特点之一就是人情交换（Hwang

K.K.，1987），人们通过人际网络借贷人情，实现社会交换，这种关系背景同时渗透到了职业场域中。虽然，本研究证实了职场交往对于职场下级在收入获得及其公平感知建构的积极作用，但是我们并不能因此忽视它可能带来的危害而盲目鼓励职场上下级交往。正如硬币具有正反面，职场交往也有正、负效应，职场上级交往在发挥积极作用的同时也可能伴随暗箱操作，使行动者低才高就，竞争者无法人尽其才。虽然从个体本身来看职场中与上级的良好互动可以帮助获得职业成功，提升了自身的分配公平感。但是，从竞争者的角度来讲，可能因为竞争规则的改写而引发强烈的不公平感。正如波茨（Portes A.，1998）所说，市场经济环境中通过人情网络得到稀缺资源的同时，也在一定程度上排斥了他人参与竞争的权利，他将此称之为"社会网络和资本的负面效应"。职场中的人情资源体现的是人情交换、私人运作，通过人情关系，"关系户"占据了职场的关键位置，扭曲了市场人力资源的配置，违背市场机制的公平原则。另外，从宏观层面来讲，由职场上下交往引发的收入差距也可能继续加剧社会的不公正，难免被大众所诟病。本研究的结果使得我们希望发挥社会网络对于正式机制的补充作用，弥补市场发展不充分带来的资源配置不足以及职场信息的不对称。但是，如果职场交往的目的是以破坏市场竞争机制、违反社会公平正义为代价，企业管理者应警惕并及时制止，将职场交往限制在市场规则允许的范围之内。在社会宏观公平正义的前提下所追求的个人收入分配公平才是真正的公平。如何规范职场交往的作用边界，控制职场交往可能带来的负面作用，是我们今后需要进一步深入探讨的问题，以期市场经济活动的有序开展，社会安定团结。

8.3　主要创新点

（1）从社会网络的视角出发，拓展了分配公平感的解释机制研究。研究引入社会网络理论，将从业者看作职业场域中与他人互动、交换和感知的个体，构建了职场交往影响分配公平感的分析框架。首先，研究提出"宏观社会结构—中观社会网络—微观职场互动"的综合解释框架，突破了分配公平感机制探讨中非此即彼的惯性思维，弥补了以往研究将宏观和微观因素割裂开，缺少中间层次过渡的不足。其次，研究将个体分配公平感的形成置于职业场域中探讨，还原个体日常生活的真实情境，强调社会情境的潜在作用。改善了以往研究忽略场域对构建公平感的特殊性，脱离生活情境而缺乏针对性的问题。最后，社会网络理论将分配公平感知的形成看作一个动态的过程，从业者在职场中与同事间的交往、沟通、交换以及比较的过程中形成对收入公平与否的主观判断。避免了以往研究倾向于将公平感知主体看作静止、孤立的个体，从而忽视互动交往因素的欠缺。

（2）发现了职场中同事间的交往互动对于个体分配公平感的正向效应。研究认为职场交往构建起的职场社会网络能够为个体提供丰富的职场网络资源和分配制度信息，从而帮助其职业发展，消除由信息不畅带来的不公平误判。使得个体由于利己的心态和收入分配信息的畅通而增加自身收入的满意度和公平感知。本研究发现职场交往越频繁，越倾向于持有收入分配公平的认知，因此，与职场中同事交往成为提升个体分配公平感的途径。本研究进一步探讨了职场交往类型对于分配公平感的影响差异，与职场上级交往对分配公平感具有提升作用，与平级或下级交往对于个体的分配公平感并没有显著影响。研究反映了职场交往对于公平感的正向效应仅仅来自与上级领导的交往。说明职场交往对象的差异对于分配公平感具有不同的建构作用，从不同交往类型维度的考察揭示了个体分配公平感的多样化形成过程，突破了以往研究对于职场交往单一维度的考察。

（3）以社会网络效应为突破口，揭示了职业场域中个体分配公平感产生的多维中间机制。基于职场网络不同于其他个体核心网络的职业特色，研究创建职场网络功能来分析个体公平感产生的机制。这一过程创造性地融入了中国社会的关系主义背景、职场的网络结构、行动者对于互动目的和意义的主观建构等多元化因素。研究同时考察职场网络的支持效应、表达效应和比较效应，为职场个体分配公平感的形成建构多维度的解释机制。收入的提升作为职场上级交往的客观结果，地位期望成为个体与上级交往的主观预期，晋升速度作为与职场上级交往对于向上流动比较的认知，这三大机制贯穿职场交往的整个过程。刻画了职场个体与上级交往的不同心理过程，对于职场中个体分配公平感形成了完整的理论路径建构和现实情境分析。突破了以往探讨单一机制的片面性，对于职场个体分配公平感的解释机制研究起到了完善作用。同时，研究将职场同事作为公平感形成的参照对象，解决了以往研究中"与谁比较"和"如何比较"的难题。

（4）厘清了职场交往对于个体分配公平感作用的体制差异。本研究认为职场交往活动必然嵌入在一定的宏观经济背景中，因此在明确了职场上级交往对于分配公平感的正向作用后，厘清其作用空间差异显得尤为重要。在不同的体制环境中，由于社会网络的效用受到约束或放大，导致职场交往对于公平感的形塑作用也会产生不同影响。研究将这一问题置于中国体制分割背景下，通过资源分配方式、社会网络类型差异和网络的作用差异角度来区分社会网络运作的不同逻辑，并以此提出了职场交往对于分配公平感影响的制度差异。研究检验了制度约束条件下职场交往对于分配公平感的影响效应差异，发现体制内人员与上级领导交往更容易获得分配公平感的提升。本研究对体制因素的考量，在制度层面进一步拓展了职场交往影响公平感的研究。

8.4 研究不足与展望

本研究从职场交往的角度探讨了社会网络对于公众分配公平感得到影响效应和作用机制。虽然大部分的理论假设已经得到数据的支持，我们对于职场交往在个人主观分配公平感知方面的作用及其路径有了基本的认识。但是，囿于数据、篇幅等局限，对于社会网络与收入分配公平感的研究仍有一些不足之处，亟待未来进一步深入研究，主要包括以下三个方面。

（1）社会网络和交往类型选择的进一步拓展。本研究以社会网络作为分配公平感的研究视角，将职场交往作为研究的切入点。我们选择职场网络作为解释视角的原因在于，一方面，职场是职业收入来源的主要场域；另一方面，职场交往与从业者对于职业收入公平感知具有更为直接的联系。基于篇幅限制，我们并没有在本研究中涉及和分析其他个体核心网络类型对于分配公平感的影响效应，比如，餐饮网、拜年网和求职网等。值得注意的是，虽然其他社会交往类型不如职场交往对于职业收入的影响直接，但是基于社会交往的普遍存在性，其他核心社会网络中的社会交往类型对于分配公平感的影响也值得关注。那么，我们仍想探究的是：第一，职场交往和其他场域的日常交往互动对于分配公平感的影响是否存在差异？是否具有不同的影响路径？比如，个体在家庭场域中与亲戚交往是否同样会影响对收入分配公平的感知，它的影响机制又是什么？第二，基于不同场域中社会网络的特点和嵌入资源的差异，不同类型的日常交往对于分配公平感的影响效应有什么关联？第三，不同的群体类型在日常交往过程中更倾向于选择在哪一类场域中判断自身收入公平与否以及如何判断？这些问题需要我们今后进一步验证，从而丰富和完善社会网络对于分配公平感的解释框架。

（2）完善职场交往影响个体收入分配公平感的中间机制。虽然研究已经证实了与上级交往通过社会网络的支持效应、表达效应和比较效应来影响个人的分配公平感。但是，对于职场中分配公平感的形成问题的探索还处于初始阶段，仍需继续挖掘其他可能的中间影响因素。个体与职场上级交往对于收入分配感知的影响过程中，一定还存在其他可行的理论向度。整个问卷的测量仅仅站在职场个体的角度，缺乏作为职场网络资源提供者职场上级的测量，因而我们无法还原职场交往过程的全貌。尤其是无法全面的了解交往双方在互动、交换时的意愿和看法，而这一问题也可能是我们研究职场中个体分配公平感建构过程的重要突破口。因此，囿于数据，我们会在今后的研究中更加深入地探索。

（3）研究缺乏对宏观层面因素的考量。虽然本研究的着眼点是个体层面的职业交往和微观收入公平感，但是个体的交往互动和主观感受仍然受制于社会的大环境之下。尤其是研究职场就应置于宏观的劳动力市场中去探究。即便我们在文章中考虑了体制分割的因素带来的差异，也控制了地域差异带来的影响，但这些宏观背景的考虑仍然有限。研究还可将中国的市场化进程、基尼系数、世代效应等纳入研究中。另外，问卷对于宏观分配公平感也有测量，但是我们鉴于研究目的并没有将它作为分析对象，而仅仅关注微观层次的分配公平感。在今后的研究中我们可以继续研究职业交往对于宏观分配公平感的影响，对比职业交往对于宏观和微观分配公平感影响的差异及其原因。另外，囿于 JSNET2014 数据只包含全国八个城市的样本，未来我们还将寻找更加合适的数据，尤其是全国更大范围的数据来进一步验证本研究结论的普适性。

参 考 文 献

[1] 边燕杰, 李煜. 中国城市家庭的社会网络资本 [J]. 清华社会学评论, 2000 (2): 1-18.

[2] 边燕杰, 丘海雄. 企业的社会资本及其功效 [J]. 中国社会科学, 2000 (2): 87-99.

[3] 边燕杰, 王文彬, 张磊等. 跨体制社会资本及其收入回报 [J]. 中国社会科学, 2012 (2): 110-126.

[4] 边燕杰, 吴晓刚, 李路路. 社会分层与流动: 国外学者对中国研究的新进展 [M]. 北京: 中国人民大学出版社, 2008.

[5] 边燕杰, 张文宏, 程诚. 求职过程的社会网络模型: 检验关系效应假设 [J]. 社会, 2012, 32 (3): 24-37.

[6] 边燕杰, 张文宏. 经济体制、社会网络与职业流动 [J]. 中国社会科学, 2001 (2): 77-89.

[7] 边燕杰. 城市居民社会资本的来源及作用: 网络观点与调查发现 [J]. 中国社会科学, 2004 (3): 136-146.

[8] 边燕杰. 关系社会学及其学科地位 [J]. 西安交通大学学报 (社会科学版), 2010, 30 (3): 1-6.

[9] 边燕杰等. 社会网络与地位获得 [M]. 北京: 社会科学文献出版社, 2012.

[10] 陈强. 高级计量经济学及 Stata 应用 [M]. 北京: 高等教育出版社, 2014.

[11] 陈瑞, 郑毓煌, 刘文静. 中介效应分析: 原理、程序、Bootstrap 方法及其应用 [J]. 营销科学学报, 2013, 9 (4): 120-135.

［12］陈云松，边燕杰. 饮食社交对政治信任的侵蚀及差异分析：关系资本的"副作用"［J］. 社会，2015，35（1）：92－120.

［13］道恩·亚科布齐著. 李骏译. 中介作用分析［M］. 上海：格致出版社，2012.

［14］邓伟志. 社会学词典［M］. 上海：上海辞书出版社，2009.

［15］刁鹏飞. 人们为什么接受不平等？——成功归因、阶层意识与分配公平［J］. 黑龙江社会科学，2013（5）：89－95.

［16］郭小弦，王建. 社会支持还是参照群体？——社会网络对主观幸福感影响机制的考察［J］. 社会科学战线，2019（1）：240－248.

［17］郭星华. 城市居民相对剥夺感的实证研究［J］. 中国人民大学学报，2001（3）：71－78.

［18］郭毅，朱扬帆，朱熹. 人际关系互动与社会结构网络化——社会资本理论的建构基础［J］. 社会科学，2003（8）：64－74.

［19］韩翼，杨百寅. 师徒关系开启徒弟职业成功之门：政治技能视角［J］. 管理世界，2012（6）：124－132.

［20］郝明松，边燕杰. 社会网络资源的形塑：职业交往的视角［J］. 中国研究，2014（2）：110－128.

［21］何雪松. 社会网络的动态过程及理论探索［J］. 上海行政学院学报，2005（3）：78－85.

［22］贺寨平. 国外社会支持网研究综述［J］. 国外社会科学，2001（1）：76－82.

［23］侯均生. 西方社会学理论教程［M］. 天津：南开大学出版社，2001.

［24］胡建国. 社会流动对收入分配公平感的影响——中国公众收入分配公平感的再探讨［J］. 人文杂志，2012（6）：148－154.

［25］胡荣，李静雅. 城市居民信任的构成及影响因素［J］. 社会，2006（6）：45－61.

［26］怀默霆. 中国民众如何看待当前的社会不平等［J］. 社会学研究，2009，24（1）：96－120.

［27］蒋涛. 吸毒人群社会支持网研究：对重庆市南岸区戒毒所的调查［J］. 社会，2006，26（4）：160－172.

［28］京华时报. 中国家庭基尼系数达0.61高于全球平均水平［EB/OL］.［2012－12－10］. http://www.doc88.com/p－6681189312057.html.

［29］黎熙元. 后转型期香港的社会阶层流动特征及对社会意识演变的影响［J］. 学术研究，2008（9）：69－76.

［30］李骏，吴晓刚. 收入不平等与公平分配：对转型时期中国城镇居民公平观的一项实证分析［J］. 中国社会科学，2012（3）：114－128.

［31］李黎明，李晓光. 社会结构、交往行动与社会资本动员——以社交餐饮网的建构过程为例［J］. 社会科学战线，2016（12）：186－196.

［32］李黎明，李晓光. 社会结构、交往行动与社会资本动员——以社交餐饮网的建构过程为例［J］. 社会科学战线，2016（12）：186－196.

［33］李黎明，李晓光. 市场化改革、关系资本动员与收入分配公平感［J］. 吉林大学社会科学学报，2017，57（3）：101－111.

［34］李黎明，李晓光. 族群、社会资本与收入差距——对西北族群和西部汉族的比较研究［J］. 中山大学学报（社会科学版），2016，56（5）：161－171.

［35］李路路，唐丽娜，秦广强. "患不均，更患不公"——转型期的"公平感"与"冲突感"［J］. 中国人民大学学报，2012，26（4）：80－90.

［36］李培林. 中国贫富差距扩大的社会心态影响［J］. 经济导刊，2005（1－2）：102－105.

［37］李实，赖德胜，罗楚亮. 中国收入分配研究报告［M］. 北京：社会科学文献出版社，2013.

［38］李燕萍，涂乙冬. 与领导关系好就能获得职业成功吗？一项调节的中介效应研究［J］. 心理学报，2011，43（8）：941－952.

［39］李颖晖. 教育程度与分配公平感：结构地位与相对剥夺视角下的双重考察［J］. 社会，2015，35（1）：143－160.

［40］李煜，朱妍. 微观公平感的形成机制：基于职业群体的双重比较理论［J］. 华中科技大学学报（社会科学版），2017，31（1）：37－45.

［41］连玉君，廖俊平. 如何检验分组回归后的组间系数差异？［J］. 郑州航空工业管理学院学报，2017，35（6）：97－109.

［42］梁玉成. 求职过程的宏观—微观分析：多层次模型［J］. 社会，2012，32（3）：55－77.

［43］林聚任，向维. 职业地位获得机制的体制内外差异分析——基于2014年八城市社会网络与职业经历调查数据［J］. 吉林大学社会科学学报，2017，57（3）：92－100.

［44］林南，敖丹. 社会资本之长臂：日常交流获取工作信息对地位获得的影响［J］. 西安交通大学学报（社会科学版），2010，30（6）：74－81.

［45］林南. 社会资本：关于社会结构与行动的理论［M］. 上海：上海人民出版社，2005.

［46］刘军，宋继文，吴隆增. 政治与关系视角的员工职业发展影响因素探讨［J］. 心理学报，2008（2）：201－209.

［47］刘军. 法村社会支持网络——一个整体研究的视角［M］. 北京：社会科学文献出版社，2006.

［48］刘伟峰，陈云松，边燕杰. 中国人的职场交往与收入——基于差分方法的社会资本分析［J］. 社会学研究，2016，31（2）：34－56.

［49］刘欣，胡安宁. 中国公众的收入公平感：一种新制度主义社会学的解释［J］. 社会，2016，36（4）：133－156.

［50］刘欣. 相对剥夺地位与阶层认知［J］. 社会学研究，2002（1）：81－90.

［51］龙书芹，风笑天. 社会结构、参照群体与新生代农民工的不公平感［J］. 青年研究，2015（1）：39－46.

［52］吕叔湘. 现代汉语词典［M］. 北京：商务印书馆，2002.

［53］罗纳德·伯特. 结构洞：竞争的社会结构［M］. 任敏等，译. 上海：上海人民出版社，2008.

[54] 马丹. 社会网络对生活满意度的影响研究: 基于京、沪、粤三地的分析 [J]. 社会, 2015, 35 (3): 168 – 192.

[55] 马磊, 刘欣. 中国城市居民的分配公平感研究 [J]. 社会学研究, 2010, 25 (5): 31 – 49.

[56] 马新建, 王元艳. 薪酬分配运行过程的员工公平偏好差异研究 [J]. 现代管理科学, 2011 (12): 103 – 104.

[57] 马新建. 企业薪酬管理的公平分配内在机理研究 [J]. 现代管理科学, 2015 (8): 115 – 117.

[58] 孟天广. 转型期中国公众的分配公平感: 结果公平与机会公平 [J]. 社会, 2012, 32 (6): 108 – 134.

[59] 倪青山, 罗楚亮, 谢维怡. 公正观念与分配公正 [J]. 湖南大学学报 (社会科学版), 2015, 29 (1): 47 – 55.

[60] 宁德业. 中国现阶段收入分配公平问题研究 [M]. 长沙: 湖南大学出版社, 2009.

[61] 丘海雄, 陈健民, 任焰. 社会支持结构的转变: 从一元到多元 [J]. 社会学研究, 1998 (4): 33 – 39.

[62] 阮丹青, 周路, 布劳等. 天津城市居民社会网初析——兼与美国社会网比较 [J]. 中国社会科学, 1990 (2): 157 – 176.

[63] 孙计领. 收入不平等、分配公平感与幸福 [J]. 经济学家, 2016 (1): 42 – 49.

[64] 孙明. 市场转型与民众的分配公平观 [J]. 社会学研究, 2009, 24 (3): 78 – 88.

[65] 孙薇薇, 朱晓宇. 地位、相对剥夺与归因: 教育年限对分配公平感的影响机制 [J]. 社会学评论, 2018, 6 (3): 65 – 75.

[66] 汤汇道. 社会网络分析法述评 [J]. 学术界, 2009 (3): 205 – 208.

[67] 王甫勤. 当代中国大城市居民的分配公平感: 一项基于上海的实证研究 (英文) [J]. 社会, 2011, 31 (3): 155 – 183.

[68] 王甫勤. 社会流动与分配公平感研究 [D]. 上海: 复旦大

学，2010.

［69］王汉生，陈智霞. 再就业政策与下岗职工再就业行为［J］. 社会学研究，1998（4）：15 – 32.

［70］王宁. 相对剥夺感：从横向到纵向——以城市退休老人对医疗保障体制转型的体验为例［J］. 西北师范大学学报（社会科学版），2007（4）：19 – 25.

［71］王培刚. 当前各社会阶层对贫富差距状况的动态认知研究［J］. 社会科学研究，2008（6）：115 – 122.

［72］王文彬，赵延东. 自雇过程的社会网络分析［J］. 社会，2012，32（3）：78 – 97.

［73］王晓路. 对哈里森·怀特市场模型的讨论：解析、探源与改进［J］. 社会学研究，2007（1）：175 – 219.

［74］王燕，龙立荣，周浩等. 分配不公正下的退缩行为：程序公正和互动公正的影响［J］. 心理学报，2007（2）：335 – 342.

［75］王毅杰，冯显杰. 农民工分配公平感的影响因素分析［J］. 社会科学研究，2013（2）：98 – 104.

［76］王元腾. 参照群体、相对位置与微观分配公平感：都市户籍移民与流动人口的比较分析［J］. 社会，2019，39（5）：203 – 240.

［77］魏钦恭，张彦，李汉林. 发展进程中的"双重印象"：中国城市居民的收入不公平感研究［J］. 社会发展研究，2014（3）：1 – 32.

［78］温忠麟，叶宝娟. 中介效应分析：方法和模型发展［J］. 心理科学进展，2014，22（5）：731 – 745.

［79］温忠麟，张雷，侯杰泰等. 中介效应检验程序及其应用［J］. 心理学报，2004（5）：614 – 620.

［80］翁定军. 公平与公平感的社会心理分析［J］. 上海大学学报（社会科学版），1999，6（2）：49 – 53.

［81］翁定军. 阶级或阶层意识中的心理因素：公平感和态度倾向［J］. 社会学研究，2010（1）：89 – 114.

［82］吴晓刚，张卓妮. 户口、职业隔离与中国城镇的收入不平等

［J］. 中国社会科学, 2014 (6): 118 – 140.

［83］夏征农. 辞海 ［M］. 上海: 上海辞书出版社, 1999.

［84］肖鸿. 试析当代社会网研究的若干进展 ［J］. 社会学研究, 1999 (3): 3 – 13.

［85］肖阳, 边燕杰. 社会网络对人职匹配的双重影响——基于关系强度和内外匹配的视角 ［J］. 社会科学辑刊, 2019 (4): 104 – 112.

［86］谢宇. 认识中国的不平等 ［J］. 社会, 2010, 30 (3): 1 – 20.

［87］薛进军. 中国的不平等—收入分配差距研究 ［M］. 北京: 社会科学文献出版社, 2008.

［88］杨少华, 彭维湘. 对社会不公平程度的度量 ［J］. 统计与决策, 2006 (17): 76 – 78.

［89］约翰·罗尔斯. 正义论 ［M］. 何怀宏等, 译. 北京: 中国社会科学出版社, 1988.

［90］张海东. 城市居民对社会不平等现象的态度研究——以长春市调查为例 ［J］. 社会学研究, 2004 (6): 11 – 22.

［91］张涵, 康飞. 基于 bootstrap 的多重中介效应分析方法 ［J］. 统计与决策, 2016 (5): 75 – 78.

［92］张静. 转型中国: 社会公正观研究 ［M］. 北京: 中国人民大学出版社, 2008.

［93］张顺, 程诚. 市场化改革与社会网络资本的收入效应 ［J］. 社会学研究, 2012, 27 (1): 130 – 151.

［94］张顺, 郭小弦. 社会网络资源及其收入效应研究: 基于分位回归模型分析 ［J］. 社会, 2011, 31 (1): 94 – 111.

［95］张顺, 李爱红. 高能低就规避: 社会网络收入效应的中介机制研究 ［J］. 西安交通大学学报 (社会科学版), 2016, 36 (6): 53 – 59.

［96］张文宏, 阮丹青, 潘允康. 天津农村居民的社会网 ［J］. 社会学研究, 1999 (2): 110 – 120.

［97］张文宏. 社会网络资源在职业配置中的作用 ［J］. 社会, 2006, 26 (6): 27 – 44.

参考文献

[98] 张文宏. 社会资本: 理论争辩与经验研究 [J]. 社会学研究, 2003 (4): 23 – 35.

[99] 赵波. 企业员工分配公平感及管理建议 [J]. 湖南大学学报 (社会科学版), 2000, 14 (2): 12 – 15.

[100] 赵晓航. 转型期中国民众的分配公平感与不平等归因——基于 "中国综合社会调查 (CGSS) 2010" 的实证分析 [J]. 甘肃行政学院学报, 2015 (5): 101 – 111.

[101] 赵延东. 求职者的社会网络与就业保留工资——以下岗职工再就业过程为例 [J]. 社会学研究, 2003 (4): 51 – 60.

[102] 赵延东. 社会网络与城乡居民的身心健康 [J]. 社会, 2008 (5): 1 – 19.

[103] 赵延东. 再就业中的社会资本: 效用与局限 [J]. 社会学研究, 2002 (4): 43 – 54.

[104] 赵延东. 再就业中社会资本的使用——以武汉市下岗职工为例 [J]. 学习与探索, 2006 (2): 58 – 62.

[105] 郑冰岛, 吴晓刚. 户口、"农转非" 与中国城市居民中的收入不平等 [J]. 社会学研究, 2013, 28 (1): 160 – 181.

[106] 中华人民共和国国家统计局. 1978 – 2017 年居民人均可支配收入和指数 [EB/OL]. http://www.stats.gov.cn/tjsj/ndsj/2018/indexch.htm, 2018.

[107] 中华人民共和国国家统计局. 全国居民人均可支配收入及指标 [EB/OL]. http://www.stats.gov.cn/tjsj/ndsj/2008/indexch.htm, 2008.

[108] 周兵, 刘成斌. 中国青年的收入分配公平感研究 [J]. 中国青年研究, 2015 (4): 48 – 53.

[109] 周兵, 刘成斌. 中国青年的收入分配公平感研究 [J]. 中国青年研究, 2015 (4): 48 – 53.

[110] 周浩, 龙立荣. 参照对象信息对分配公平感的影响: 攀比效应与虚荣效应 [J]. 华东师范大学学报 (教育科学版), 2015, 33 (2): 70 – 76.

［111］庄家炽. 参照群体理论评述［J］. 社会发展研究，2016，3（3）：184－197.

［112］邹宇春，敖丹. 自雇者与受雇者的社会资本差异研究［J］. 社会学研究，2011，26（5）：198－224.

［113］邹宇春，赵延东. 社会网络如何影响信任？——资源机制与交往机制［J］. 社会科学战线，2017（5）：200－206.

［114］Adams J. S. Inequity In Social Exchange［J］. Advances in Experimental Social Psychology，1966，2（4）：267－299.

［115］Alves W. M.，Peter H. R. Who Should Get What？Fairness Judgments of the Distribution of Earnings［J］. American Journal of Sociology，1978，84（3）：541－564.

［116］Beck J. H. Distributive Justice and the Rules of the Corporation：Partial Versus General Equilibrium Analysis［J］. Business Ethics Quarterly，2005，15（3）：112－127.

［117］Berger J.，Zelditch M. J.，Anderson B.，et al. Structual Aspects of Distributive Justice：A Status Value Formulation［M］//Berger J.，Zelditch M. J.，Anderson B.，et al. Sociological Theories in Progress. Boston：Houghton Miffilin，1972：42－66.

［118］Bian Y. J. Bringing Strong Ties Back In：Indirect Connection，Bridges，and Job Search In China［J］. American Sociological Review，1997，62（3）：266－285.

［119］Bian Y. J. Guanxi Capital and Social Eating in Chinese Cities：Theoretical Models and Empirical［M］//Lin N.，Cook K.，Burteds R. Social capital：Theory and Research. New York：Aldine de Gruyter.

［120］Bian Y. J.，Logan J. R. Market Transition and the Persistence of Power：The Changing Stratification System in Urban China［J］. American Sociological Review，1996，61（5）：739－758.

［121］Bies R. J.，Moag J. S. Interactional Justice：Communication Criteria of Fairness［J］. Research on Negotiation in Organizations，1986（1）：

43 – 55.

[122] Bourdieu P. The forms of capital [J]. Handbook of Theory and Research for the Sociology of Education, 1986: 280 – 291.

[123] Brickman P., Folger R., Goode E., et al. Microjustice and Macrojustice [M] //Justice Motive in Social Behavior. New York: Plenum Press, 1981.

[124] Cook K. S., Hegtvedt K. A. Distributive Justice, Equity, and Equality [J]. Annual Review of Sociology, 1983, 9 (1): 217 – 241.

[125] Davis K., Moore W. E. Some Principles of Stratification [J]. American Sociological Review, 1945, 10 (2): 242 – 249.

[126] Emler N., Dickinson J. Children's Representation of Economic Inequalities: The Effects of Social Class [J]. British Journal of Developmental Psychology, 2011, 3 (2): 191 – 198.

[127] Gartrell C. D. On the Visibility Wage Reference [J]. Canadian Journal of Sociology, 1982, 7 (2): 117 – 143.

[128] Granovetter M. Economic Action and Social Structure: The Problem of Embeddedness [J]. American Journal of Sociology, 1985, 91 (3): 481 – 510.

[129] Granovetter M. S. The Strength of Weak Ties [J]. American Journal of Sociology, 1973, 78 (6): 1360 – 1380.

[130] Gurr R. T. Why Men Rebel [M]. New Jersey: Princeton University Press, 1970.

[131] Guthrie D. The Declining Significance of Guanxi in China's Economic Transition [J]. China Quarterly, 1998, 154: 254 – 282.

[132] Hwang K. K. Face and Favor: the Chinese Power Game [J]. American Journal of Sociology, 1987, 92 (4): 944 – 974.

[133] Jasso G., Wegener B. Methods for Empirical Justice Analysis: Part 1. Framework, Models, and Quantities [J]. Social Justice Research, 1997, 10 (4): 393 – 430.

[134] Lin N. Inequality in Social Capital [J]. Contemporary Sociology, 2000, 29 (6): 785 –795.

[135] Lin N. Social Resources and Instrumental Action [M] //Marsden PV, Lin N. Social structure and Network Analysis. CA: Sage, 1982: 131 –145.

[136] Lin N., Bian Y. Getting Ahead in Urban China [J]. American Journal of Sociology, 1991, 97 (3): 657 –688.

[137] Lin N., Dumin M. Access to Occupations Through Social Ties [J]. Social Networks, 1986, 8 (4): 365 –385.

[138] Macleod J., Smith G. D., Metcalfe C., et al. Is Subjective Social Status a More Important Determinant of Health Than Objective Social status? Evidence From a Prospective Observational Study of Scottish Men [J]. Social Science & Medicine, 2005, 61 (9): 1916 –1929.

[139] Nee V. A Theory of Market Transition: From Redistribution to Markets in State Socialism [J]. American Sociological Review, 1989, 54 (5): 663 –681.

[140] Ng S. H., Allen M. W. Perception of Economic Distributive Justice: Exploring Leading Theories [J]. Social Behavior & Personality An International Journal, 2005, 33 (5): 435 –454.

[141] Pettigrew T. F., Tropp L. R., Wagner U., et al. Recent Advances in intergroup contact theory [J]. International Journal of Intercultural Relations, 2011, 35 (3): 271 –280.

[142] Plickert G., Rochelle C., Wellman B. It's not Who You Know. It's How You Know Them: Who Exchanges What with Whom? [J]. Social Networks, 2007, 29 (3): 405 –429.

[143] Portes A. Social Capital: Its Origins and Applications in Modern Sociology [J]. Annual Review of Sociology, 1998, 24 (1): 1 –24.

[144] Preacher K. J., Hayes A. F. SPSS and SAS procedures for estimating indirect effects in simple mediation models [J]. Behavior Research Meth-

参考文献

ods Instruments & Computers, 2004, 36 (4): 717 – 731.

[145] Runciman W. G. Relative Deprivation and Social Justice: A Study of Attitudes to Social Inequality in Twentieth Century England [J]. Social Forces, 1966, 4 (4): 338.

[146] Sears D. O. , Funk C. L. The Role of Self – Interest in Social and Political Attitudes [J]. Advances in Experimental Social Psychology, 1991, 24 (1): 1 – 91.

[147] Sewell W. F. A Theory of Structure: Duality, Agency, and Transformation [J]. American Journal of Sociology, 1992, 98 (1): 1 – 29.

[148] Song L. J. Does Knowing People in Authority Protect or Hurt? Authoritative Contacts and Depression in Urban China [J]. American Behavioral Scientist, 2015, 59 (9): 1173 – 1188.

[149] Sorokin A. P. Social Mobility [M]. New York: Harper, 1927.

[150] Stolte J. F. The Legitimation of Structural Inequality: Reformulation and Test of the Self-evaluation Argument [J]. American Sociological Review, 1983, 48 (3): 331 – 342.

[151] Thibaut J. W. , Walker L. Procedural Justice: A Psychological Analysis [J]. Duke Law Journal, 1977 (6) : 1289 – 1296.

[152] Verwiebe R. , Wegener B. Social Inequality and the Perceived Income Justice Gap [J]. Social Justice Research, 2000, 13 (2): 123 – 149.

[153] Wegener B. Relative Deprivation and Social Mobility: Structural Constrains on Distributive Justice Judgments [J]. European Sociological Review, 1991, 7 (1): 3 – 18.

[154] Weiner B. An Attributional Theory of Achievement Motivation and Emotion. [J]. Psychological Review, 1985, 92 (4): 548 – 573.

[155] Wellman B. Applying Network Analysis to the Study of Support [M] //Gottlieb B. Social Networks and Social Support. Beverly Hills: Sage, 1981.

[156] Wellman B. , Wortley S. Different Strokes from Different Folks:

Community Ties and Social Support [J]. American Journal of Sociology, 1990, 96 (3): 558 – 588.

[157] White H. C. Where Do Markets Come From?[J]. American Journal of Sociology, 1981, 87 (3): 517 – 547.

参考文献

附录1：职场平级和下级交往
对公平感的影响效应分析

本研究依据个体在职场中交往对象的不同，认为单位内部交往可以分为上级交往、平级交往和下级交往三种类型。第5章中我们分析了职场交往三种类型对于分配公平感的影响效应，结果发现职场上级交往对于个体的分配公平感有正向作用，而与平级和下级交往对个体的分配公平感并没有显著提升。据此，我们在第6章机制分析和第7章体制差异分析中主要聚焦职场上级交往。事实上，我们同样对平级和下级交往进行了影响机制分析和体制差异分析。为了文章脉络的顺畅性和结构的一致性，并没有将其放在正文中，而是将这一分析结果放在附录中以供参考。

1. 职场平级和下级交往对于分配公平感的影响机制分析

虽然平级和下级交往对于分配公平感影响的主效应不显著，我们并不能就此认为收入、地位期望和晋升速度所标识的网络支持效应、表达效应和比较效应并不是平级交往和下级交往影响分配公平感的中介路径。因为，有可能是两种相反中介效应的结果相互抵消而造成的主效应不显著，我们在此建构模型来排除这种情况。

第一，检验个体与职场中平级和下级交往是否影响自身收入。如附表1－1所示，我们构建了职场平级和下级交往影响个体收入的多元线性回归模型。模型2在基准模型1的基础上加入了职场平级和下级交往变量。从模型的拟合优度来看，R^2 从 0.311 上升到 0.313，加入主要自变量后模型的拟合度提升不大。模型2中职场平级和下级交往的系数分别为

0.017 和 0.039，没有通过统计显著性检验。因而，我们可以认为个体在职场中与平级或下级同事交往互动并不会带来自身收入的提升。

第二，检验个体与职场中平级和下级交往是否影响对未来的地位期望。附表 1 - 1 ～附表 1 - 2 为职场平级和下级交往影响地位期望的多元线性回归模型。模型 2 在模型 1 的基础上加入了核心自变量职场平级和下级交往。可以看到职场平级交往和下级交往的系数分别为 - 0.041 和 0.112，并不具有统计显著性。我们可以认为与职场平级和下级交往也不会影响个体对于自身未来的地位期望。

第三，检验个体与职场平级和下级同事交往是否影响对自身晋升速度的评判。附表 1 - 3 为职场平级和下级交往影响晋升速度的多分类逻辑回归模型。模型将晋升速度作为因变量，其中未晋升的人群视为参照类，模型输出了与同事相比晋升更慢、差不多以及更快三个类别的回归结果。结果表明与职场平级交往并不能显著影响个体对自身晋升速度快慢的判断。不同的是，与职场下级交往越频繁越倾向于认为自身的晋升速度比同事更快，结果通过了显著性检验。

附表 1 - 1　　　　职场平级、下级交往影响收入（对数）的多元线性回归模型

变量名	模型 1：基准模型		模型 2：+ 平、下级交往	
	系数	标准误	系数	标准误
性别（参照：女性）	0.284 ***	(0.027)	0.281 ***	(0.027)
年龄	0.037 ***	(0.009)	0.039 ***	(0.009)
年龄平方	- 0.050 ***	(0.009)	- 0.051 ***	(0.009)
婚姻状况（参照：未婚）	- 0.110 *	(0.043)	- 0.120 **	(0.044)
户口类型（参照：农业）	- 0.033	(0.054)	- 0.030	(0.054)
政治面貌（参照：非党员）	- 0.017	(0.037)	- 0.032	(0.037)
教育年限	0.082 ***	(0.006)	0.081 ***	(0.006)
职业地位	0.009 ***	(0.001)	0.009 ***	(0.001)
单位类型（参照：体制内）	0.128 ***	(0.032)	0.122 ***	(0.032)
区域特征（参照：内陆）	0.319 ***	(0.029)	0.321 ***	(0.029)

续表

变量名	模型1：基准模型		模型2：+平、下级交往	
	系数	标准误	系数	标准误
职场平级交往			0.017	(0.022)
职场下级交往			0.039	(0.015)
截距项	8.241***	(0.192)	8.053***	(0.208)
R²（拟合优度）	0.311		0.313	
BIC（嵌套模型检验）	6622		6628	
样本量	2945		2945	

注：双尾统计检验显著度：†$p<0.1$，*$p<0.05$，**$p<0.01$，***$p<0.001$。

附表1-2 　　　　　职场平级、下级交往影响地位期望的
多元线性回归模型

变量名	模型1：基准模型		模型2：+平、下级交往	
	系数	标准误	系数	标准误
性别（参照：女性）	-0.251***	(0.071)	-0.261***	(0.071)
年龄	-0.050*	(0.022)	-0.047*	(0.022)
年龄平方	0.027	(0.024)	0.024	(0.024)
婚姻状况（参照：未婚）	-0.270*	(0.113)	-0.285*	(0.113)
户口类型（参照：农业）	0.107	(0.140)	0.116	(0.140)
政治面貌（参照：非党员）	0.025	(0.095)	-0.014	(0.096)
教育年限	0.087***	(0.016)	0.085***	(0.016)
职业地位	0.013***	(0.003)	0.012***	(0.003)
单位类型（参照：体制内）	0.066	(0.083)	0.050	(0.083)
区域特征（参照：内陆）	0.328***	(0.075)	0.334***	(0.075)
职场平级交往			-0.041	(0.058)
职场下级交往			0.112	(0.040)
截距项	4.986***	(0.499)	4.789***	(0.542)
R²（拟合优度）	0.130		0.132	
BIC（嵌套模型检验）	12031		12039	
样本量	2904		2904	

注：双尾统计检验显著度：†$p<0.1$，*$p<0.05$，**$p<0.01$，***$p<0.001$。

附表 1 – 3 职场平级、下级交往影响晋升速度的
多分类逻辑回归模型

变量名	更慢/未晋升	差不多/未晋升	更快/未晋升
性别 (参照：女性)	1.017 ***	0.517 ***	0.498 ***
	(0.206)	(0.098)	(0.124)
年龄	0.132 †	-0.014	-0.123 **
	(0.070)	(0.031)	(0.038)
年龄平方	-0.099	0.028	0.157 ***
	(0.072)	(0.034)	(0.040)
婚姻状况 (参照：未婚)	0.621	0.592 ***	0.636 **
	(0.407)	(0.153)	(0.199)
户口类型 (参照：农业)	0.499	-0.191	-0.581 **
	(0.617)	(0.194)	(0.217)
政治面貌 (参照：非党员)	0.533 *	0.519 ***	0.646 ***
	(0.228)	(0.125)	(0.151)
教育年限	0.070	0.096 ***	0.058 *
	(0.043)	(0.024)	(0.028)
职业地位	0.019 **	0.021 ***	0.023 ***
	(0.007)	(0.004)	(0.005)
单位类型 (参照：体制内)	-0.002	0.316 **	0.385 *
	(0.253)	(0.115)	(0.151)
区域特征 (参照：内陆)	-0.046	0.203 †	-0.006
	(0.201)	(0.104)	(0.128)
职场平级交往	0.462	0.068	0.031
	(0.242)	(0.098)	(0.130)
职场下级交往	0.544 ***	0.628 ***	0.831 ***
	(0.135)	(0.069)	(0.102)
截距	-13.524 ***	-6.546 ***	-4.923 ***
	(1.974)	(0.808)	(0.996)
似然比卡方		631.19 ***	
样本量		2928	

注：双尾统计检验显著度：$†p < 0.1$，$*p < 0.05$，$**p < 0.01$，$***p < 0.001$。

以上我们分别检验了与职场平级和下级交往对于收入、地位期望和晋升速度的作用。接下来我们分两个模型来验证与职场平级交往和下级

交往是否通过三个中间变量来影响个体的分配公平感。

在附表 1-4 中，我们构建了职场平级交往影响分配公平感的定序逻辑回归模型。模型 1 只加入了职场平级交往变量和控制变量，结果显示职场平级交往对于分配公平感并没有显著影响。在模型 2、模型 3 和模型 4 中分别在模型 1 的基础上加入收入、地位期望和晋升速度变量，结果发现在加入三个变量后，职场平级交往的系数依然不具有显著性。同样，在附表 1-5 中，我们构建了职场下级交往影响分配公平感的定序逻辑回归模型。结果显示，职场下级交往并不通过收入、地位期望和晋升速度三个变量来影响个体的分配公平感。

通过以上验证，我们可以发现个体与职场平级交往或下级交往并不能显著影响自身对自身收入分配公平的感知。同时也排除了二者通过网络的支持效应、表达效应和比较效应来影响分配公平感的可能性。但是，我们并不能就此认为与职场平级和下级交往不会通过其他两个相反的中介变量影响分配公平感，导致两个中介效应完全抵消而引起的主效应不显著。只是鉴于篇幅我们不在本书中继续展开，留待今后进一步探讨。

职场交往与收入分配公平感研究：基于社会网络的视角

附表 1-4　　　　职场平级交往影响分配公平感的
中介效应模型（定序逻辑回归）

变量名	模型 1	模型 2	模型 3	模型 4
职场平级交往	-0.003 (0.047)	-0.008 (0.047)	-0.002 (0.047)	-0.009 (0.047)
收入		0.188 *** (0.041)	0.158 *** (0.042)	0.142 *** (0.042)
地位期望			0.070 *** (0.016)	0.065 *** (0.016)
晋升速度 (参照: 未升职)				
更慢				-0.123 (0.170)
差不多				0.178 * (0.082)
更快				0.350 ** (0.108)

续表

变量名	模型 1	模型 2	模型 3	模型 4
阈值				
1	−3.877 *** (0.447)	−2.366 *** (0.556)	−2.222 *** (0.558)	−2.432 *** (0.565)
2	−2.087 *** (0.442)	−0.567 (0.554)	−0.417 (0.555)	−0.627 (0.562)
3	−0.448 (0.441)	1.080 † (0.555)	1.236 * (0.556)	1.031 † (0.563)
4	2.615 *** (0.448)	4.146 *** (0.561)	4.306 *** (0.562)	4.108 *** (0.569)
Pseudo R^2	0.0118	0.0138	0.0157	0.0171
样本量	3987	3987	3987	3987

注：a. 双尾统计检验显著度：$†p<0.1$，$*p<0.05$，$**p<0.01$，$***p<0.001$。

b. 为节约篇幅，此表格省略了所有控制变量的回归结果。

附表 1 − 5　　　　　职场下级交往影响分配公平感的
中介效应模型（定序逻辑回归）

变量名	模型 1	模型 2	模型 3	模型 4
职场下级交往	0.037 (0.037)	0.027 (0.037)	0.021 (0.037)	−0.014 (0.039)
收入		0.309 *** (0.052)	0.283 *** (0.052)	0.262 *** (0.053)
地位期望			0.062 ** (0.020)	0.057 ** (0.020)
晋升速度（参照：未升职）				
更慢				−0.106 (0.188)
差不多				0.261 ** (0.092)
更快				0.483 *** (0.121)
阈值				
1	−3.130 *** (0.518)	−0.667 (0.660)	−0.601 (0.661)	−0.832 (0.668)

附
录

变量名	模型 1	模型 2	模型 3	模型 4
2	-1.257^* (0.511)	$1.226^†$ (0.658)	1.296^* (0.659)	1.066 (0.665)
3	0.590 (0.511)	3.092^{***} (0.661)	3.167^{***} (0.662)	2.947^{***} (0.667)
4	3.909^{***} (0.524)	6.421^{***} (0.673)	6.499^{***} (0.647)	6.296^{***} (0.679)
Pseudo R^2	0.0141	0.0194	0.0208	0.0239
样本量	2772	2772	2772	2772

注：a. 双尾统计检验显著度：$†p<0.1$，$*p<0.05$，$**p<0.01$，$***p<0.001$。

　　b. 为节约篇幅，此表格省略了所有控制变量的回归结果。

2. 职场平级和下级交往影响分配公平感的体制差异分析

如附表 1 - 6 所示，我们建立了职场交往影响分配公平感的分样本序次逻辑回归模型，同时加入了职场上级、平级和下级交往三个主要解释变量。虽然在文章中平级和下级交往对于分配公平感的影响效应不显著，我们仍然在此探索二者在体制内、外有没有影响差异。模型 1 为只加入解释变量的基准模型，结果显示上级交往的系数为 0.249 并在 0.001 水平下显著，而平级和下级交往的系数并不具有显著性，结论与第 5 章中分析一致。模型 2 在模型 1 的基础上进行体制内外划分，从而检验影响的体制内外差异。可以发现，职场上级交往的系数分别为 0.223 和 0.245，并且都在 0.001 水平下显著，职场平级和下级交往在体制内和体制外均无显著性影响。模型 3 在模型 2 基础上加入了性别等控制变量来观察影响的稳定性。结果显示，职场上级交往在体制内的系数为 0.168 并且在 0.01 条件下显著，而体制外系数为 0.128 且不具有显著性。职场平级和下级交往的系数仍然不显著。这说明体制内单位中与职场上级交往对个体分配公平感具有提升作用，而在体制外这一作用不存在。与职场平级和下级交往在体制内和体制外对于个体分配公平感均无显著提升作用。结果验证了职场平级和下级交往对于个体分配公平感并没有影响效应，并且在不同制度环境中不具有显著的影响差异。

附表 1-6　　　　职场上级、平级和下级交往影响收入
分配公平感的体制差异模型（Ologit）

变量名	模型1：基准模型	模型2：体制分割		模型3：加入控制变量	
		体制内	体制外	体制内	体制外
上级交往	0.249 *** (0.042)	0.223 *** (0.051)	0.245 *** (0.075)	0.168 ** (0.052)	0.128 (0.079)
平级交往	0.002 (0.056)	0.002 (0.070)	0.007 (0.096)	-0.020 (0.070)	0.025 (0.098)
下级交往	0.017 (0.041)	-0.012 (0.049)	0.069 (0.074)	-0.058 (0.050)	-0.006 (0.076)
性别 (参照：女性)				0.077 (0.090)	0.151 * (0.117)
年龄				-0.047 * (0.030)	-0.038 (0.043)
年龄平方				0.049 (0.031)	0.020 (0.053)
婚姻状况 (参照：未婚)				0.328 † (0.168)	0.412 ** (0.146)
户口类型 (参照：农业)				-0.016 (0.251)	-0.075 (0.174)
政治面貌 (参照：非党员)				0.241 * (0.111)	0.222 (0.196)
教育年限				0.039 * (0.019)	-0.025 (0.030)
职业地位				0.002 (0.003)	0.006 (0.005)
收入				0.236 *** (0.058)	0.379 *** (0.098)
区域特征 (参照：内陆)				-0.103 (0.094)	-0.284 * (0.129)
阈值					
1	-2.407 *** (0.218)	-2.235 *** (0.264)	-3.086 *** (0.409)	-0.352 (0.867)	-0.629 (1.148)
2	-0.588 ** (0.202)	-0.490 * (0.249)	-0.780 * (0.351)	1.431 † (0.865)	1.696 (1.132)

续表

变量名	模型1：基准模型	模型2：体制分割		模型3：加入控制变量	
		体制内	体制外	体制内	体制外
3	1.247 *** (0.203)	1.093 *** (0.250)	1.437 *** (0.352)	3.065 *** (0.868)	3.968 *** (1.137)
4	4.538 *** (0.235)	4.203 *** (0.287)	5.033 *** (0.410)	6.188 *** (0.881)	7.684 *** (1.162)
样本量	3970	2374	1596	2374	1596
Pseudo R^2	0.0037	0.0023	0.0035	0.0149	0.0219

注：双尾检验显著度：$\dagger p < 0.1$，$* p < 0.05$，$** p < 0.01$，$*** p < 0.001$。

职场交往与收入分配公平感研究：基于社会网络的视角

附录2：2014年社会网络与职业经历问卷调查（节选）

入户抽样页（过滤问卷）

一、户抽样

1. 请问您这里住了几户人？每户的户主姓名是？每户有多少人？

户数	户主姓名	每户人数
第 1 户		
第 2 户		
第 3 户		
第 4 户		
第 5 户		

2. 随机抽出一户，作为被访户。备注：系统会随机抽出一户，不需要访员自己去抽。目前设定的是，一旦抽出之后，不能再更改，以保证随机性。

二、户内抽样

1. 请问您的姓名是：（至少问出姓，然后请填上如"王先生""李女士"，标识此家庭成员）：

2. 回答者的性别是：01）男　02）女

3. 您的年龄是（此处的年龄是指周岁，即今年过完生日才算一岁）：＿＿＿＿＿＿

4. 请问您有非农工作经历吗？01）有　02）无

5. 除了您之外，您家还有几口人？（注意：指住在此住宅的其他家庭成员，不包括串门走亲戚）：

6. 现在，我们需要简要登记一下您家各位成员的一些简要信息（登记顺序：依年龄从大到小）：

家庭成员	与回答者的关系	性 别	年 龄	是否有非农工作经历？
家庭成员 1	[_____]	1. 男 2. 女	[_____]	1. 有 2. 无
家庭成员 2	[_____]	1. 男 2. 女	[_____]	1. 有 2. 无
家庭成员 3	[_____]	1. 男 2. 女	[_____]	1. 有 2. 无
家庭成员 4	[_____]	1. 男 2. 女	[_____]	1. 有 2. 无
家庭成员 5	[_____]	1. 男 2. 女	[_____]	1. 有 2. 无

与回答者的关系：01）配偶 02）子女 03）父母 04）兄弟姐妹 05）岳父岳母 06）配偶的兄弟姐妹 07）女婿/儿媳 08）养子女/继子女 09）孙子（女）/外孙子（女）10）曾孙子（女）/曾外孙子（女）11）祖父母/外祖父母 12）曾祖父母/曾外祖父母 13）其他同辈的亲属 14）其他上一辈亲属 15）其他下一辈的亲属 16）其他亲属 17）居家的佣人、厨师、园艺师等 18）其他非亲属

7. 从符合要求的家庭成员中（包括答话人）随机抽出一位 18~69 岁有过非农工作经历的人作为被访者。

8. 请问"[家庭成员 1]（[26]周岁）"怎么称呼？（至少问出姓，然后请填上如"王先生""李女士"，以标识此被访者）：_____

A 部分：个人及家庭基本信息

被访者的人口特征：

A1. 您的常住户口的地点和类型是：

01）本市非农户口 02）本市农业户口（跳至 A3 题）03）外地非农户口 04）外地农业户口（跳至 A3 题）

A2. 您（目前）的非农户口是哪一年获得的？记录：[____│____│____│____] 年

A3. 被访者的性别：01）男 02）女

A4. 按阳历算，您的出生时间是：[＿｜＿｜＿｜＿] 年；[＿｜＿] 月；[＿｜＿] 日。

A5. 您的民族是：01）汉族 02）壮族 03）蒙古族 04）回族 05）藏族 06）满族 07）其他

A6. 您已经完成的最高教育程度是：

01）没有受过任何教育 02）私塾 03）小学 04）初中 05）职业高中 06）普通高中 07）中专 08）技校 09）大学专科（成人高等教育）10）大学专科（正规高等教育）11）大学本科（成人高等教育）12）大学本科（正规高等教育）13）研究生及以上 14）其他

A7. 您已经完成的最高教育程度是在哪年获得的？ [＿｜＿｜＿｜＿] 年

A8. 您目前的政治面貌是：

01）共产党员，入党时间 [＿｜＿｜＿｜＿] 年 02）民主党派 03）共青团员 04）群众

A9. 您目前的就业状况属于：

01）全职就业 02）半职就业 03）下岗/失业 [＿｜＿｜＿｜＿] 年下岗/失业 04）离退休后再无就业 [＿｜＿｜＿｜＿] 年离退休（跳至 A13 题）05）离退休后再就业 [＿｜＿｜＿｜＿] 年离退休 06）在学（跳至 A13 题）07）在家（跳至 A13 题）08）其他

A10. 在过去 2 年中，您是否参加过至少 5 天的专业技术培训？

01）是 02）否

A11. 最近 1 年内，您出差的次数是＿＿＿＿次

A12. 其中，出差时间最长的一次在外＿＿＿＿天

A13. 您的宗教信仰是：

01）无宗教信仰 02）佛教 03）道教 04）民间信仰（拜妈祖、关公等）05）伊斯兰教（回教）06）基督教/天主教 07）其他

A14. 您目前的婚姻状况是：

01）已婚 02）未婚 03）离异未再婚（跳至 A22 题）04）丧偶未再婚 05）离异后再婚 06）丧偶后再婚

A15. 您配偶的出生年份是：［＿＿｜＿＿｜＿＿｜＿＿］年

A16. 您配偶的民族：

01）汉族 02）壮族 03）蒙古族 04）回族 05）藏族 06）满族 07）其他

A17. 您配偶已经完成的最高教育程度是：

01）没有受过任何教育 02）私塾 03）小学 04）初中 05）职业高中 06）普通高中 07）中专 08）技校 09）大学专科（成人高等教育）10）大学专科（正规高等教育）11）大学本科（成人高等教育）12）大学本科（正规高等教育）13）研究生及以上 14）其他

A18. 您配偶目前的政治面貌是：

01）共产党员 02）民主党派 03）共青团员 04）群众

A19. 您配偶目前的就业状况属于：

01）全职就业 02）半职就业 03）下岗/失业 04）离退休后再无就业 05）离退休后再就业 06）在学 07）在家 08）其他

A20. 您配偶目前具体职业是：具体职业名称（请尽可能详细填写）［工作单位＋职业名称＋具体工作内容］

A21. 您配偶目前的月均总收入：＿＿＿＿＿＿＿＿元（注意：如果不能提供确切的钱数，可以估算。）

A22. 请问您获得第一份工作时，您的父亲和母亲谁的收入更高？

01）父亲 02）母亲 03）无父母

下面我们想了解一些关于他/她的情况：（他/她是指 A22 题中，被访者选择的对象）

A23. 他/她是哪一年出生的？记录：［＿＿｜＿＿｜＿＿｜＿＿］年

A24. 您刚开始工作时，他/她已经完成的最高教育程度是：

01）没有受过任何教育 02）私塾 03）小学 04）初中 05）职业高中 06）普通高中 07）中专 08）技校 09）大学专科（成人高等教育）10）大学专科（正规高等教育）11）大学本科（成人高等教育）12）大学本科（正规高等教育）13）研究生及以上 14）其他

A25. 您刚开始工作时，他/她的政治面貌是：

01）共产党员 02）民主党派 03）共青团员 04）群众

A26. 您刚开始工作时，他/她的户口状况是：

01）直辖市城区户口 02）省会城市城区户口 03）地级市城区户口 04）县级市城区户口 05）集镇或自理口粮户口 06）农村户口 07）军籍 08）其他

A27. 您刚开始工作时，他/她的就业状况属于：

01）全职就业 02）半职就业 03）下岗/失业 04）离退休后再无就业 05）离退休后再就业 06）务农 07）在学 08）在家 09）其他

A28. 请问您刚开始工作时，他/她的具体职业是：

具体职业名称（请尽可能详细填写）［"工作单位 + 职业名称 + 具体工作内容"］

A29. 请问您刚开始工作时，他/她单位或公司的类型是：

01）党政机关 02）国有企业 03）国有事业 04）集体企业 05）个体经营 06）私营企业 07）外资/合资企业 08）股份制企业 09）其他

A30. 您家现住房的建筑面积是：_____平方米

A31. 您家现住房的产权状况是：

01）租的 02）有居住权 03）有部分产权 04）有全部产权

A32. 除了现住房，您家在本市或者其他城市还有没有其他自有房产？

01）有 02）没有

A33. 请问您家有几口人？_____人

A34. 请您估算一下您家 2013 年各种收入的总和：_____万元；

A35. 您家上个月日常消费的总额大约是：_____元；

A36. 其中用于食物的支出是：_____元；

A37. 其中用于人情往来的费用是：_____元。

注：由于本研究只关注受雇群体，因此省略 B 部分自雇和雇主的问卷内容。

C 部分：求职过程（受雇者）

C0. 到现在为止，您总共从事过多少份职业？_____份（如果回答 1，请填写 C_a 部分；如果回答 2，请回答 C_b 部分；如果回答 3 或

<u>3 以上，请回答 C_c 部分）</u>

C_a 部分

Ca1. 您得到该工作的年份：_____年

Ca2. 您刚工作时的具体职业（请尽可能详细填写）：［_____］

Ca3. 您刚入职时，这份工作的单位性质是：

01）党政机关 02）国有企业 03）国有事业 04）集体企业 05）个体经营 06）私营企业 07）外资/合资企业 08）股份制企业 09）其他

Ca4. 您刚入职时，这份工作所在单位的所属行业是：

01）农林牧渔业 02）采掘业 03）制造业 04）电力、煤气、水的生产及供应业 05）建筑业 06）地质勘探业、水力管理业 07）交通运输、仓储、邮电通信业 08）批发和零售贸易、饮食业 09）金融、保险业 10）房地产业 11）社会服务业 12）卫生、体育、社会福利事业 13）教育、文化艺术、广播电视事业 14）科学研究和综合技术服务业 15）国家机关、党政机关、社会团体 16）部队 17）其他

Ca5. 您刚入职时，单位总共有员工_____人

Ca6. 您进入该工作的方式是：

01）经人介绍 02）个人申请 03）国家分配（跳至 Ca11 题）04）国家分配＋经人介绍 05）个人申请＋经人介绍 06）国家分配＋顶替父母（跳至 Ca11 题）07）其他（请注明：_____）

Ca7. 您找这份工作的时候有没有人跟您一起找工作（不包括与您竞争这份工作的人）?

有___人（注意：没有 =0，若没有跳至 Ca9 题。）

Ca8. 在与他们一起找工作的过程中，你们是否有以下经历（可多选）?

01）分享工作信息 02）一起制作、修改简历 03）一起准备笔试、面试，分享笔试、面试经验 04）其他

Ca9. 您当时都从哪些渠道收集就业信息？（可多选）

01）报纸、电台、电视台等媒体 02）就业广告（街上张贴）03）职业介绍机构 04）招工单位/公司/部门 05）学校、街道等组织 06）政府劳动部门 07）亲朋好友及其他个人关系 08）互联网 09）其他

Ca10. 哪种渠道对您收集就业信息最有作用？_____（注意：请填入 Ca9 题选项的两位代码。）

Ca11. 入职前，您觉得可以接受的最低工资是：_____元/月。

Ca12. 您入职时的正式工资是：_____元/月。

Ca13. 应聘过程中，招聘单位/雇主是否安排了笔试？

01）是 02）否

Ca14. 应聘过程中，招聘单位/雇主是否安排了口试或面试？

01）是，并利用面试核实了简历的关键内容，如学历、技术水平等 02）是，但只是宽泛地聊了聊一般性的话题，如家庭住址等 03）否（跳至 Ca16 题）

Ca14a. 请问您在面试时，有自信能获得应聘的职位吗？

01）有 02）有一点 03）没有

Ca15. 您找这份工作时，雇主/公司在下列方面中有要求吗？

变量名	Ca13a. 是否有要求？ 1）有明确要求；2）会优先考虑； 3）无要求	Ca13b. 与招聘单位/雇主的要求相比， 您当时的条件属于： 1）高于要求；2）与要求相同； 3）低于要求
性别	[_____] Ca13a1	不回答
年龄	[_____] Ca13a2	不回答
身高	[_____] Ca13a3	不回答
外貌	[_____] Ca13a4	不回答
身体素质	[_____] Ca13a5	不回答
是否为本地人	[_____] Ca13a6	不回答
学历	[_____] Ca13a7	[_____] Ca13b7
专业技术	[_____] Ca13a8	[_____] Ca13b8
工作经验	[_____] Ca13a9	[_____] Ca13b9

Ca16. 据您了解，当时对这份工作的竞争激烈吗？

01）没有竞争 02）根本不激烈 03）不太激烈 04）比较激烈 05）非常激烈 06）不清楚

Ca17. 从开始找工作到最终进入该单位，您总共得到过几个工作机

会？_____个

Ca18. 针对您目前的这份工作而言，从开始找这份工作到最终确定，您一共花了_____月

Ca19. 找这份工作的过程中，总花费（包括准备简历、面试路费、找人帮忙等）大约是_____元

Ca20. 其中，用于找人帮忙、了解情况（如请客吃饭）的花费大约是_____元

现在我们想了解一下您找工作过程中的一些具体信息：

Ca21. 找工作时，您大概找了多少人帮忙，包括打听就业信息，沟通情况等？_____人（没有请填0）

Ca22. 找工作时，有人主动给您提供过求职方面的信息或帮助吗？如果有，人数是_____人（没有请填0）

Ca23. 在找工作时，给您提供过帮助的人与您都有哪些关系（可多选）？

（注意：若Ca21与Ca22都为0，请访问员自己选择13，并跳答。）

01）家人 02）亲属 03）同乡 04）同学 05）战友 06）邻里 07）师生 08）师徒 09）同事 10）生意/项目伙伴 11）间接关系 12）其他关系 13）没人帮忙（跳至Ca28题）

Ca24. 您找的人或给您提供过帮助的人，他们帮助您做了什么（可多选）？

01）提供就业信息 02）告知招工单位/雇主的情况 03）告知招工单位/员工的情况 04）告知工作的具体内容 05）提出具体建议，指导申请 06）帮助整理申请材料 07）亲自准备申请材料 08）帮助报名、递交申请 09）帮助推荐 10）帮助向有关方面打招呼 11）安排与有关人员见面 12）陪同造访有关人员 13）帮助解决求职中的具体问题 14）对招工单位/雇主有承诺 15）直接提供工作 16）其他 17）没人帮忙（跳至Ca28题）

Ca25. 根据您的介绍，我们了解到您当时求职时，有人给您提供一些帮助，请问他（或者是最重要的那个人）有没有再托人帮忙呢？

01）有 02）无

Ca26. 入职后，您用了多长时间建立起对该单位的归属感（即感觉自己成为该单位的一员）？

01）一天 02）一周 03）一个月 04）半年 05）一年 06）更长 07）一直没有

Ca27. 入职后，您用了多长时间适应这份工作？

01）一天 02）一周 03）一个月 04）半年 05）一年 06）更长 07）一直没有

Ca28. 对于您现在（退休前、失业/下岗前）的这份工作，您刚入职时对下列 6 个方面的满意程度如何？

	很不满意	不太满意	一般	比较满意	非常满意
工作本身［Ca32a］	1	2	3	4	5
薪酬待遇［Ca32b］	1	2	3	4	5
工作晋升［Ca32c］	1	2	3	4	5
同事关系［Ca32d］	1	2	3	4	5
上级管理［Ca32e］	1	2	3	4	5
总体满意度［Ca32f］	1	2	3	4	5

Ca29. 您现在（退休前、失业/下岗前）对您这份工作的满意程度如何？

01）很不满意 02）不太满意 03）一般 04）比较满意 05）非常满意

Ca30. 请您回忆一下您入职一年后与直接领导的关系：（注意：未满一年的则按现在的状态记录，下面的相同）

01）很好 02）较好 03）一般 04）不太好

Ca31. 请您回忆一下您入职一年后，总的来说，与工作同事的关系：

01）很好 02）较好 03）一般 04）不太好

Ca32. 请您回忆一下您入职一年后，认识的人中有没有外单位/公司的负责人？

01）有 02）没有

Ca33. 请您回忆一下在该单位/公司中的职务变动情况（不包括职称

变化），请问您是否有升职经历？

01）有　02）无（跳至 Ca43 题）

Ca34. 请问您第一次升职的年份是____年。

Ca35. 那次升职的竞争激烈吗？

01）没有竞争 02）根本不激烈 03）不太激 04）比较激烈 05）非常激烈

请问您升职前后的职务：

变量名	无职级	基层副职	基层正职	中层副职	中层正职	高层副职	高层正职
Ca31. 升职前	1	2	3	4	5	6	7
Ca32. 升职后	1	2	3	4	5	6	7

Ca36. 您觉得与单位/公司内其他同事相比，您的升职速度：

01）更快 02）更慢 03）差不多

Ca37. 您这份工作最开始的职位和最后的职位有哪些劳动特征？（两栏每个人都填）

变量名	第一个职位					最后的职位				
	经常	有时	很少	从不		经常	有时	很少	从不	
1）与顾客/服务对象打交道	4	3	2	1	Ca43a	4	3	2	1	Ca43n
2）与客户打交道	4	3	2	1	Ca43b	4	3	2	1	Ca43o
3）接待各种来客	4	3	2	1	Ca43c	4	3	2	1	Ca43p
4）与上级领导打交道	4	3	2	1	Ca43d	4	3	2	1	Ca43q
5）与下级同事打交道	4	3	2	1	Ca43e	4	3	2	1	Ca43r
6）与平级同事打交道	4	3	2	1	Ca43f	4	3	2	1	Ca43s
7）与上级部门/单位打交道	4	3	2	1	Ca43g	4	3	2	1	Ca43t
8）与下级部门/单位打交道	4	3	2	1	Ca43h	4	3	2	1	Ca43u
9）与其他单位打交道	4	3	2	1	Ca43i	4	3	2	1	Ca43v
10）需要了解、运用新知识	4	3	2	1	Ca43j	4	3	2	1	Ca43w
11）需要严格按程序/计划办事	4	3	2	1	Ca43k	4	3	2	1	Ca43x
12）需要与他人合作完成任务	4	3	2	1	Ca43l	4	3	2	1	Ca43y
13）禁止把私人情绪带入工作	4	3	2	1	Ca43m	4	3	2	1	Ca43z

被访者当前职业活动的特征：（如无特殊说明，则失业/下岗人员填失业/下岗前的情况；离退休后未再就业者填离退休前的情况）

　　Ca38. 您的具体职业是（请尽可能详细填写）［＿＿＿＿＿＿＿＿］

　　Ca39. 平均每天工作大约＿＿＿＿小时

　　Ca40. 平均每周工作＿＿＿＿天

　　Ca41. 您的单位是否为您提供：

项目	提供	不提供	不适用
Ca47a. 医疗保险/公费医疗	1	2	9
Ca47b. 失业保险	1	2	9
Ca47c. 养老保险	1	2	9
Ca47d. 工伤保险	1	2	9
Ca47e. 生育保险	1	2	9
Ca47f. 住房公基金/住房补贴/福利房	1	2	9

目前所有工作得到的收入情况

　　Ca42. 工资单所列的月总收入＿＿＿＿＿＿元

　　Ca43. 三个月工资单以外的奖金和其他收入平均每月是＿＿＿＿＿＿元

　　Ca44. 2013 年年终奖金是 ＿＿＿＿＿＿元

　　Ca45. 2013 年年终实物奖励折合现金是 ＿＿＿＿＿元

　　Ca46. 您的收入多大部分来自现单位？

01）全部 02）大部分 03）小部分

　　注：C_b 和 C_c 部分与 C_a 部分类似，在此省略。

D 部分：社会交往

　　D1. 在今年春节期间，以各种方式与您互相拜年、交往的亲属、亲密朋友和其他人大概有多少人？（手机短信、电子邮件、QQ、微博、微信等不算，没有则填 0）

　　亲属：［＿＿｜＿＿］人　亲密朋友：［＿＿｜＿＿］人　其他：［＿＿｜＿＿］人

附录

【访问员注意：查看 D1 题，如果任一项上有填人数，则续问 D2 - D3，否则跳至 D4 题。】

D2. 请问他们里面有无从事下列职业的人？（有填1 没有填0）

01）科学研究人员［D2a］02）政府机关负责人［D2b］03）医生［D2c］04）工人［D2d］05）法律工作人员［D2e］06）党群组织负责人［D2f］07）护士［D2g］08）大学教师［D2h］09）经济业务人员［D2i］10）企事业单位负责人［D2j］11）司机［D2k］12）中小学教师［D2l］13）行政办事人员［D2m］14）饭店餐馆服务员［D2n］15）会计［D2o］16）厨师、炊事员［D2p］17）工程技术人员［D2q］18）家庭保姆、钟点工［D2r］19）民警［D2s］20）农民［D2t］

D3. 请问他们里面有无在下列类型的单位工作的？（有填1 没有填0）

01）党政机关［D3a］02）国有企业［D3b］03）国有事业［D3c］04）集体企事业［D3d］05）个体经营［D3e］06）私营/民营企事业［D3f］07）外资企业［D3g］08）其他类型［D3h］

D4. 总体来说，今年春节期间，您通过手机短信、电子邮件、QQ、微博、微信等通信工具拜年的人数大概有多数人？_____人。

D5. 您请人在外就餐的频率大概是？ 01）从不 02）很少 03）有时 04）较多 05）经常

D6. 您被请在外就餐的频率大概是？ 01）从不 02）很少 03）有时 04）较多 05）经常

D7. 您陪朋友在外就餐的频率大概是？01）从不 02）很少 03）有时 04）较多 05）经常

D8. 在上述这些一起就餐的人中，今年与您相互拜年的比例大概是？

01）几乎没有 02）小部分 03）一半左右 04）大部分 05）几乎全部

D9. 在餐饮场合中您是否经常能结识新朋友？01）从不 02）很少 03）有时 04）较多 05）经常

D10. 某些地位高的人总是先说话 01）是 02）否

D11. 总是有一两个人控制着话题 01）是 02）否

D12. 即使不是正式场合，大家的座次也是有安排的 01）是 02）否

D13. 您一天里与多少个不住在一起的家人或亲戚有联系？包括电话、短信、信件、上网、见面等。

01）0 个 02）1～2 个 03）3～4 个 04）5～9 个 05）10～19 个 06）20～49 个 07）50～99 个 08）100 个及更多

D14. 通常情况下，除了家人或亲戚以外，您一天里与多少个人有联系？联系方式包括电话、短信、信件、上网、见面等。

01）0 个 02）1～2 个 03）3～4 个 04）5～9 个 05）10～19 个 06）20～49 个 07）50～99 个 08）100 个及更多

D15. 在本地，您有多少个关系密切，可以向他/她诉说心事的朋友/熟人（不包括亲属）？

01）0 个 02）1～3 个 03）4～6 个 04）7～9 个 05）10 个及以上

D16. 在本地，您有多少个关系密切，可以向他/她借钱（5000 元为标准）的朋友/熟人（不包括亲属)？

01）0 个 02）1～3 个 03）4～6 个 04）7～9 个 05）10 个及以上

D17. 过去 12 个月中，您是否自愿参加过下面这些活动？（1 是 2 否）

01）建设本社区的志愿活动（如美化环境，加强治安，修桥铺路等活动）［D17a］

02）与体育、文化、艺术或学术相关的志愿活动（如做体育教练，弘扬传统文化，提供科技知识与服务等）［D17b］

03）与社会弱势群体相关的志愿活动（如助残活动，关爱儿童和老人的活动等）［D17c］

04）与政治事务相关的活动（如签名请愿、静坐或游行示威等）［D17d］

E 部分：子女教育与社会态度

E1. 一般说来，您对现在社会上的大多数人是否信任？

01）根本不信任 02）不信任 03）一般 04）比较信任 05）非常

信任

E2. 人们可能会对某些人或组织更为信任，而对另一些人或组织则不太信任。就您本人而言，对下面的人和组织的信任程度怎样呢？（1 完全信任 2 比较信任 3 不太信任 4 根本不信任）

E2a. 家人 E2b. 朋友 E2c. 邻居 E2d. 地方政府 E2e. 地方法院 E2f. 医院 E2g. 陌生人

E3. 总的来说，您认为当今的社会是否公平？

01）完全不公平 02）比较不公平 03）居中 04）比较公平 05）完全公平

E4. 与您的同事相比，您认为您的收入是否公平？

01）完全不公平 02）比较不公平 03）居中 04）比较公平 05）完全公平

E5. 从全社会的角度而言，您认为您的收入是否公平？

01）完全不公平 02）比较不公平 03）居中 04）比较公平 05）完全公平

E6. 总的来说，在日常生活中，您有没有感觉到被其他人排斥？

01）从来没有 02）偶尔 03）经常 04）总是

E7. 您觉得自己的生活幸福吗？

01）很不幸福 02）比较不幸福 03）一般 04）比较幸福 05）很幸福

E8. 托关系办事，比如找工作时托关系，是比较常见的现象。根据您的经历和态度，您是否同意下列说法？（1 同意 2 既不同意也不反对 3 不同意 4 非常不同意）

E8a. 托关系办事，大家都这么做 E8b. 托关系办事，是中国文化传统

E8c. 托关系办事，个人能力有限才做 E8d. 托关系办事，不违反公平原则

E8e. 托关系办事，要抢在别人前面做 E8f. 托关系办事，关系越铁越有把握

E9. 下面是对个人性格的一些描述，没有好坏之分。请您根据自己的

性格特征，打出最接近的分数。

项目	1	2	3	4	5	6	7	8	9	10	
E9a. 外向的											内向的
E9b. 谨小慎微的											大而化之的
E9c. 追求新奇、变化											追求常规、稳定
E9d. 喜欢合作做事											喜欢独自做事
E9e. 理性的											感性的

E10. 在我们的社会里，有些群体居于顶层，有些群体则处于底层。"10"分代表最顶层，"1"分代表最底层。您认为您自己目前在哪个等级上？记录：［＿＿｜＿＿］分（"10"分代表最顶层，"1"分代表最底层）

E11. 您认为您5年前在哪个等级上？记录：［＿＿｜＿＿］分（"10"分代表最顶层，"1"分代表最底层）

E12. 您认为您5年后将在哪个等级上？记录：［＿＿｜＿＿］分（"10"分代表最顶层，"1"分代表最底层）

E13. 您认为在您14岁时，您的家庭处在哪个等级上？记录：［＿＿｜＿＿］分（"10"分代表最顶层，"1"分代表最底层）

E14. 在中国社会中，您觉得"关系"重要吗？

01）很不重要 02）比较不重要 03）一般 04）比较重要 05）很重要

E15. 近3年来，您或者您的家人有你没有去医院求医的经历？

01）没有（跳至E24题） 02）有

E16. 近3年来，您和您的家人去医院就医的类型有（可多选）：

01）看门诊开药 02）做检查、化验 03）住院治疗 04）大病做手术 05）其他

E17. 您和您家人求医过程中，有没有托关系？

01）没有（跳至E23题） 02）有

E18. 您找关系给您的医疗行为带来了哪些便利（可多选）？

01）节省医疗费用 02）节省医疗时间 03）选择正确的医疗方案 04）获得优质医疗资源（如医生、设备、病房） 05）减轻焦虑和担忧 06）其他 07）没有带来便利

E19. 请您评价一下您或者您家人求医经历中对以下内容的满意程度：（1 非常满意 2 比较满意 3 不满意 4 很不满意）

E19a. 医疗制度和政策 E19b. 医疗资源和环境 E19c. 医疗质量和服务 E19d. 医疗费用 E19e. 总的来说

Z 部分：附加题

一、联系方式

Z1. 您的姓名是：_____

Z2. 您的手机号码是：〔___｜___｜___｜___｜___｜___｜___｜___｜___｜___〕

Z3. 您家的固定电话号码是：〔___｜___｜___｜___｜___｜___｜___〕

区号是：〔___｜___｜___｜___〕

Z4. 您的 E-mail 地址是：_____

Z5. 如果我们希望与您保持长期联系的话，请问最好的方式是什么？

记录：〔_____〕

Z6. 请问您使用以下哪种社交网站，以及您的用户名（ID）？

社交网站　　　　　　用户名（ID）

01）新浪微博

02）腾讯微博

03）天涯论坛

04）其他_____

调查到此结束，非常感谢您的大力支持！

后　记

　　社会学十三载，初心未改。这本专著为我的博士生涯画上了圆满的句号。2020年我就职于西安财经大学公共管理学院，转而进行城市管理专业的科研和教学工作。站在人生的转折路口，回想过去的科研生活不禁感慨：做科研要先学会做人，以及具备坚持不懈的精神。庆幸我人生最美好的年华都在科研中度过，这一路有艰辛和泪水，更有收获和感激。一路走来使我对人生的深度和学术的层次有了崭新的理解，掌握的知识和技能让我终身受益，庆幸我在科研的道路上一直坚持未曾放弃。

　　值此专著出版之际，我心怀感激。首先，感恩我的导师李黎明教授。自我入学以来，李老师便有针对性地让我阅读相关文献和书，要求我模仿经典文章中数据分析结果写出命令。在李老师的众多学生中我不是最有悟性的，一步步走来全靠恩师一遍又一遍的耐心指导和因材施教。从论文的结构安排到模型处理，从文字表达到标点符号，满篇的批注和修订倾注着一个学者对学术的严谨和对学生的期待。感谢恩师在我迷茫时为我答疑解惑，在我困惑时鼓励我坚定信念，在我懈怠时提醒我珍惜时光。他严谨的治学态度、开阔的学术思维和宽厚的人生理念为我今后的学术生涯和人生道路点亮了一盏明灯。其次，还要感谢美国纽约州立大学奥尔巴尼分校社会学系的梁在教授，为我提供出国交流的宝贵学习机会。在美国访学期间教会我如何进行系统的英文论文写作，鼓励我大胆用英语交流并参加学术会议。他乐观、豁达的生活态度也使我对人生有了更深刻的认识。再次，感谢实证社会科学研究所这个大家庭里的每一位老师在科研、调查、学习和生活中对我的无私帮助和引导，感谢同窗们见证了我的成长和汗水，陪伴和支持我度过艰辛而又充实的科研生活，使我在这条求学路上走得并不孤单。特别地，感谢郭小弦、李晓光、

职场交往与收入分配公平感研究：基于社会网络的视角

王建、闫晨语和王杰在我写论文时的精神支持，寂寞时的温暖陪伴，困难时的鼎力相助，让我深切体会到了个体核心社会网络的支持作用；同时，感谢西安财经大学公共管理学院的李丽辉、钟海、孙淑文等前辈的引领，这本专著的成功出版有赖于他们的督促鼓励以及无私分享。最后，感谢家人支持我完成学术梦想。一生从事教育事业、正直伟岸的爷爷，勤劳朴实、善良慈祥的奶奶，无私开明的父母都是我前进的动力，使我在学术的道路上不畏艰难、奋力前行。

我曾在西安的城墙脚下思考人生，曾在论文终审被拒稿时黯然神伤，曾独自在美国访学时孤单想家，曾在调研时构思计划彻夜未眠，曾看到镜子中长出的白发默默哀伤。但是，我彷徨过、迟疑过却从未后悔过，人生因有这样一段独特的际遇而更加珍贵，虽有坎坷但更加坚定。未来也将带着这份初心在学术的道路上继续前行。谨以此专著纪念自己的科研生涯，并致敬那些仍在科研道路上默默奋斗的同仁们。

许 珂

2022 年 4 月 5 日